莊子寓言說解

學會放下，活出自在與美好

王邦雄

自序

《老子道德經的現代解讀》出版之後，我重寫其中三章。首先重寫的是「勇於敢則殺，勇於不敢則活」的七十三章。舊本讀來也可以說理順暢，不過「勇於敢則殺」與「勇於不敢則活」之間，到底是界域的平對並列，還是層次的超越區分，未給出明確的分判。就在敏隆講堂的講課現場中，從纏繞心頭的困惑說起，做一現在進行式的探索，在困惑中找出路，終究逼出了豁然開朗的合理解說。回家之後，就把這兩個鐘頭自問自答的析論過程，給寫了出來。

其次重寫的是「載營魄抱一，能無離乎」的第十章，那一章六句獨立的話語並列，而以「生而不有」的「玄德」作結。原本是學生依輔大哲學系課堂所說整理而成，當初迫於出版時程，經潤飾之後還算流暢可讀。未料，在不同的班上導讀，自己一邊讀一邊歎氣，結構鬆散不說，文字也過於淺白，與《道德經》的經典語氣不合，所以發憤重寫。就由於口語鬆散，篇幅冗長，正好留下了可以發揮的空間，讓我寫出了全書詮解最為精到的一章。本來我的自我評價，最有創見的是三十三章，這一章寫出，就只好退居其後了。

最後重寫的是「絕聖棄智，民利百倍」的第十九章，問題出在「絕巧棄利」，憑什麼可以跟「絕聖棄智」與「絕仁棄義」這兩句無比重大之直批儒學的語句，相提並論，甚至鼎足而三？故轉以「絕聖」下開「絕仁棄義」之心知執著的自我解消，以「棄智」下開「絕巧棄利」之人為造作的無為治道的理路架構來解讀，讓三者看似分立，實則一體統貫。我在不同的版次重寫這三章，內心過意不去，向編輯群保證，這已是定本，不會再重寫改版了。

相對來看，《莊子內七篇・外秋水・雜天下的現代解讀》，與《老子道德經的現代解讀》之間最大的不同在，後者並不是依章次逐章寫下來，而是在副刊寫專欄，依自家當下的感觸，在八十一章中挑相應的某一章來書寫；前者是從第一篇第一段的第一句解起，循序漸進，一段一段寫，一句一句解，不會因著自己的講課心得，看哪一篇比較受用，或哪一段有獨到見解，而搶先寫下。所以段落與段落間有前後呼應之功，篇章與篇章間亦有相互印證之妙。且在解讀之先，不看自家已刊行的學術論文，或哲理散文，如《莊子道》、《走在莊子逍遙的路上》、《儒道之間》、《中國哲學論集》、《生命的實理與心靈的虛用》等書，因為看昔日舊作，等同抹殺了講課現場的氛圍激發，與一路走來的生命成長，所以書房寫書保有現場講課的存在感，以生動的筆觸，解讀厚重的經句，字裡行間藏不住臨場揮灑的靈感創意。

《莊子內七篇・外秋水・雜天下的現代解讀》出版迄今已過了兩年，僅有幾個錯字的訂正，沒有改寫任何片段，惟一的發現在〈大宗師〉第三大段標示出來的綱目是「善惡兩忘的化身入道」，經文原典是「與其譬堯而非桀也，不如兩忘而化其道」，堯桀一聖王一暴君，聖王是善，暴君是惡，所以「兩忘」指涉的一定是善惡，「化其道」的「化」，說的是自我解消的修養工夫，看上下語文脈絡，解消的當是善惡的執著分別，通過化其身的工夫，以證入道的理境。以莊解莊，「化身」就在「坐忘」工夫的「離形去知」，入道就在「坐忘」境界的「同於大通」。問題在顏回說坐忘出現在倒數第二段，不好以後面的段落來詮表，所以若改為「善惡兩忘而證入一體無別之境」，就妥貼許多。不標榜堯，就不會逼出想當堯卻墮為桀的悲劇，想當堯是心知的執著，墮為桀則是人為造作的適得其反。

由於莊子解讀的序文，寫的是「病中寫莊」的心思轉折，發表在聯副為的是讓諸多的師友了解放心。解讀莊子比起解讀老子來說，寫得更投入，更專注，也更用心。老子僅五千言，故解讀時力求精要，未引歷代注解，而直就原典架構展開解讀，反而平易可讀。解莊時心中牽掛著有博士生正寫學位論文，所以碰到關鍵難解處，就得引述各家說，比較其異同，再依據原典經義做出判別。理路一樣清晰嚴謹，讀者朋友卻可能被困在各家說的文字障裡，而難以卒讀。故兩年下來才出第二刷，行銷遠不如老子。

實則，莊子有故事性，且文學意味重，理當得到廣大讀者的喜歡，或許是因為這一大本的分量，讓人有不可承受之重。編輯群檢討的結果，是老子解讀有《老子十二講》之淺白易懂的前導書引領，而莊子解讀卻少了一本可以接引入門的前導好書。所以商請可否就幾場演講做出整理，第一場在中正紀念堂講「在無何有之鄉做蝴蝶夢」，講莊子寓言中所涵蘊的人生哲理，第二場在台灣文學館講「讀莊子話人生」，第三場在松山信義學堂講「在人間世逍遙遊」。把第一場解析寓言故事的講詞大幅擴充，而以更完整、更貼近現代的面貌呈現，列為上半部的「在無何有之鄉做蝴蝶夢」；再將第二場與第三場的人生講論合而為一，竟天衣無縫而可以一體並現，可能是兩場演講時間貼近，關懷與思緒接續連結的緣故吧！此列為下半部的「在人間世逍逍遙遊」。全書就以「莊子寓言說解」為名，前半講有趣味性有啟發性的寓言故事，後半講有現代關懷的存在感受。

這一本前導書，說是講詞整理，實則等同重寫。只是順應講堂面對面的獨特氛圍，與日常語言的對話語氣，一路書寫下來，較有親切感與感動力，讀來就不會困在理論的建構與概念的思辨中，而可以直透生命，解消心結情累，而活出自在自得的美好一生。

有這一本前導書，就可以引入現代解讀之門，且進一步的窺其堂奧了。

王邦雄　序於秀岡心齋　二〇一五年八月三十一日

人生的悲愁、困苦和哀傷，
都來自我們放不下、走不開、忘不了，
釋放自己，就是釋放天下。

目錄

I

在無何有之鄉做蝴蝶夢

——解寓言說哲理

前言

香格里拉
在每一個人的心裡

在午後而未近黃昏的時光，若躺在大樹蔭底下的無何有之鄉，可做一場蝴蝶夢。

「無何有」就是什麼都沒有，「鄉」就是鄉土，「在無何有之鄉做蝴蝶夢」，「無何有之鄉」出自〈逍遙遊〉。你心裡面沒有執著、沒有分別、沒有比較、沒有得失，也就沒有患得患失。你的心空出來，道家智慧的「無」，由無心、無知、無為，與無用、無事、無欲的修養工夫而來，心裡面完全放下來，那時候的鄉土叫「無何有之鄉」。這是幾千年來中國人的夢，是我們永遠嚮往的桃花源，一個境界型態的世外桃源。世外桃源不在天涯海角，香格里拉你說在西藏嗎？在雲南嗎？我可以說在青海啊！也可以說在河西走廊絲路上的某一個點，可以說是在阿里山，或在我們的玉山國家公園。所以，那不是景觀的問題，而是心靈的問題。每一個人心裡，不要有那麼大的執著，那麼多放不下的痴迷，不管你立身何處，那個地方就是「無何有之鄉」，且是「廣漠之野」。廣漠之野，是開闊無垠的田野，一眼看去，無邊無際，沒有藩籬，沒有圍牆，沒有城堡，沒有兩軍對峙的邊防。無何有之鄉，不在世界的哪一個角落，而藏在我們的心裡。

蝴蝶夢出自〈齊物論〉，「莊周夢為蝴蝶」，夢中打破了人我之間形體的界限。我們可以是我們的父母，也可以是我們的兒女；我們可以是我們的先生，也可以是我們的太太。我們可以是我們的親人朋友、同學或同事。你可以跟他一樣的感受，甚或你就是他，感同身受，你的「心」跟他的「心」同在，你的「氣」跟他的「氣」同行，哪裡會有紛擾，會有爭端？那麼多的悲愁，那麼多的困苦，那麼多的哀傷，都來自我們放不下、走不開、忘不了。釋放自己，就是釋放天下。人生的美好，就在無何有之鄉做一場蝴蝶夢。

明代高僧憨山大師，他貫通儒道佛三大教，他說：「老之有莊，猶如孔之有孟。」老子之後有莊子，就像孔子之後有孟子。中國幾千年並行的兩大教、兩大家的思想，開創者當然是太上老君老子，跟至聖先師孔子；而重大的關鍵人物，卻是孟子跟莊子。兩大教的兩大天才型思想家，在歷史文化的進程中千古同步。孟莊的年代是同時的，但很惋惜，他們兩位竟沒有會面；否則，整個中國哲學史要為之改寫。道家思想到了莊子，在理論上已經架構完成；而在生命的靈動上卻更開放。《莊子》不好讀，要先讀過《老子》，再來讀《莊子》，才能夠看出莊子藏在字裡行間的義理，到底有什麼玄妙之處。

莊子說他是「寓言十九」，「十九」是十分之九，十幾萬字的大部頭著作，十分之九是寓言故事。寓言故事就是講故事給大家聽；但是，其中寄寓深刻的哲理，要靠我們自己去體會，看我們有什麼慧解妙悟了。它就像一座寶藏，等我們自己去開發，那是屬於生命智慧的源頭。在寓言十九中，又言「重言十七」；所謂重言，就是請孔子說、老聃說，儘管都是寓言故事，其中十分之七是重言。從寓言、重言的比例來看，二者是重疊的，在寓言故事裡，有時候請出孔子，有時候請出顏回，有時候是請出老聃來當故事的主角，所謂重言就是請那些很有分量的人出來說話。

底下又說「卮言日出」，「卮言」是很率真的話，沒有什麼保留，沒有什麼隱藏。「日出」就是每天出現，意思就是不管寓言還是重言，通通都是卮言，都是天真的語言。真人講真話，讓真情流露，真相大白，道家追尋的就是一個「真」字，人生最嚴重的失落，就是大家變成假的。所以，「卮言日出，和以天倪」，意謂真言跟整個天道所透顯出來的端倪品質等同，每一句天真的言語，都是天道的流行。「和以天倪」，你不覺得我們老在嬰兒的臉上看到天道嗎？一看到嬰兒的臉，我們就得救了，我們可以遺忘街頭上的紛擾，原來人生可以如此的和諧美好。

你要讀莊子，它已經告訴你寓言十九了，而且寓言的主人翁，都是重量級的人物，像孔子、老子這樣的人，像顏回、子貢這樣的人，都成了莊子的代言人。莊子請他們出來說話，事實上，講的是莊子的思想。在十分之九的寓言故事中，請重量級人物出來講話的比例，有十分之七。寓言裡面有重言，且不管寓言或重言，通通都是卮言，卮言就像漏斗直瀉而下的童言童語。昔日鄉土，不是像現在這麼進步，是一瓶一瓶、甚至整箱整箱的購買，那時候要去店仔打酒，用一個漏斗，插在瓶口之上，用杓子從大酒甕舀出酒來，倒入瓶口上的漏斗，毫無保留的直瀉而下，這叫「卮言日出，和以天倪」。童年的天真，就像天道直貫而下的純真，今天且讓我們寄身在無何有之鄉，做一場蝴蝶夢。

心空出來，處處皆是「無何有之鄉」！

每一個人心裡，
不要有那麼大的執著，
那麼多放不下的痴迷，
不管你立身何處，
那個地方就是「無何有之鄉」。

存在處境的兩難困局
——材與不材

材與不材之間，
我們要超離社會「有用」與「無用」的相對區分之上，
回到每一個人的自己，那才是我們一生要走的路。

山中木無用，保有天年

這個寓言故事，出自〈山木〉篇，說莊子帶著弟子在山中遊學，看到山頭有一棵枝葉繁茂之極為罕見且等同於神木級的大樹。伐木工人群集於此，他們到山上來物色木材，就圍繞在大樹的周邊，只是觀賞，卻沒有人動手砍伐這棵大樹。

莊子不解，問說你們不是來找好木材嗎？而今，大樹美材就在眼前，為什麼你們「止其旁，而不取呢」？伐木者回答說：「你只要看這棵樹可以長得這麼高、這麼大，你就知道它的材質是『無所可用』的。假定它有用的話，老早被砍掉了。」莊子聽了之後，就隨機指點追隨在身邊的眾弟子說：「你們看看這棵大樹，因為沒有用，才能夠『終其天年』，享有它天生的年歲。」因為不材，沒有什麼用，閩南話說就是「無路用」，沒有用途的意思，像這樣的材質，沒有什麼可以派得上用場。

主人雁不會叫，被殺

這天傍晚，他們從山上下來，到了朋友的家，主人看到好久不見的莊子來了，趕快喊來童子說，殺一隻鵝來接待嘉賓。童子就請教主人說，我們家有兩隻鵝，一隻會叫，一隻不會叫，請問要殺哪一隻？還好鵝聽不懂人的話，不然的話，生死存亡完全繫在主人一念間，而不是由自身做出存在抉擇，一定感覺很不好。

主人回答說：「殺那隻不會叫的！」這個晚上，想必賓主同歡，久別重逢，一定有很多話要說。不過，這一餐一定吃得很悶，這頓鵝肉大餐雖味美，但對於被殺掉的那隻鵝，大家可是一肚子困惑，疑問悶在心裡面，注定消化不良。

第二天清晨，一行人跟主人告辭，離開主人家。大概沒走幾步路吧，學生就迫不及待地問說：老師，問題來了，昨天山中的木，是因為沒有用，而保有它的天年；今天，主人家的鵝，卻因為不會叫而被殺。你不是教導我們，沒有用是養生之道嗎？可以存全生命嗎？怎麼這隻鵝反而因為不會叫而被殺呢？老師的教言，立即被推翻了，大家忍不住要為這隻鵝抱屈。樹無用，可以長成大樹；怎麼鵝不會叫，反而中道夭呢？當下學生就請教老師：假如是你，你要怎麼自處？莊子答道：我就處在山中木跟主人雁之間。

材與不材之間的兩難

山中的那棵木，跟主人家的鵝，二者之間，你要做出怎麼樣的抉擇？莊子當然很難給出答案，只好笑著回答：我將處於「材與不材之間」。你要怎麼樣面對這樣的人生困局？這一存在處境，已落在兩難之中；且雖屬兩難，總得做出抉擇。所謂「材與不材之間」，「材」是有用，「不材」是無用，說是有用，就不會是無用；說是無用，就不會是有用。莊子卻說：我處在有用與無用之間，這是戲答的遊戲文字，顯現莊子的幽默感。他的意思是說，我是山中木的時候，我當然會以無用的姿態現身，因為無用，可以保有天年，長成一棵大樹；當我是主人家的鵝，那本人就得猛叫，因為不會叫，就會有被殺的危險。

為什麼我說這是一段遊戲的文字，因為你的人生教言，在現實裡面出現了難以兩全的矛盾現象。所以，莊子只好用遊戲的文字來回答。當我是山中木時，我無用；而我是主人雁時，我就大叫。這樣的話，我就可以長成，而不會被宰殺。這終究是遊戲的文字，因為你猛叫，也沒有保證。諸位試想一下，萬一那一天清晨，主人家在酣睡中，被一陣鵝聲吵醒的話，那天傍晚給出的答案，可能就大不同了。他不會說殺那隻不會叫的，反而會說殺那隻亂叫的。所以，你就是會叫，也不見得可以存全自己，這叫兩難。在叫與不叫之間，在材與不材之間，人生面對的是一個兩難的困境。

回歸天道本德，與天地同遊

所以，處於材與不材之間，不是標準答案，不是究竟解答，只是莊子一時的權宜之言，來回應學生的質疑。學生的問難，是大有道理的，你教導我們說，讓自己無用，可以保有自身，那不是百分百，那沒有必然的保證。莊子最後才說出他真正想要說的話，他說，人生只能「乘道德而浮遊」。道德是道家義的道德，「道」是天道，「德」是天真；從源頭來說，是天道，從生命來說，是天真。天道生萬物，天道內在於萬物的德，就是每一個人都天生而有的本德天真，老子的書就以「道德經」為名，乘道德而浮遊，意謂跟天地同在同行，無何有之鄉，就是道德之鄉。

道家的道德跟儒家的道德，指涉的義理內涵有異，儒家的理解，自覺有心才是道德，道家的智慧，無心天真才是道德。一樣講道德，孔子講「志於道，據於德」，又說「道之以德」。你以為只有老子講道德嗎？孔子最重要的觀念，就在道德，而且還連結起來說，要以德來引導天下人民。在「志於道，據於德」之後，又講「依於仁」，他的「德」，跟他的「道」，是通過「仁心」彰顯出來的。儒家的道德，以不安、不忍的仁心、愛心作為依據。由仁心而貞定德行，再由德行而開出道路。人生的道路，是由德行來，而德行由仁心顯發而來，你沒有德行、仁心，你的德，行不出來，你的道，也開不出來。

「仁」有心負累，「不仁」無心自在

老子的《道德經》，是講「天地不仁」、「聖人不仁」，「仁」是仁心、愛心；老子講「不仁」是無心，因為你有愛心，你的心會起執著，愛會讓我們高貴，愛也會讓我們傲慢。道家一眼就看到心執著「愛」的後遺症，所以不仁、無心，就是無掉心知的執著。很多人在「愛」裡面受苦受難，就是因為給出「愛」的人，太神聖了，太偉大了；而被愛的人，就好像失去自主權一樣，相對之下，顯得卑微。大男人主義的「大」，就從這邊來的，因為小女子要靠男人的照顧與疼惜。

此所以老莊的「德」跟「道」，是通過「不仁」來講的。「不仁」是無心，解消你愛的執著，放下愛的高貴，不要那麼神聖，不要那麼偉大，這樣才會尊重我們所愛的人，給出對等的尊嚴。「乘道德而浮遊」，就是跟天地自然同在同行，不是落在人間社會的利害得失來評估。你要超離人間相對的是非，相對的美醜、善惡與成敗、得失；所謂材與不材之間，意謂超離在人間材與不材的二分之上，而跟天地自然一體並行，這時候你才真正解消了這一存在處境的兩難困局。

超離人間街頭有用無用的價值二分

不然的話，你說什麼話，都可能得罪人，我說這一邊的演講比較值得聽，那一邊的文物展不一定值得看，這不就得罪了展覽的主辦單位嗎？行走人間，都在相對中，那邊大排長龍，這邊還有空位，然而這是活的經典，不是死的文物，這是我們的幾千年，不僅是世界古文明之一。你一定有立場，你一定有角度，你一定有觀點，在人我相對之間，你的觀點就不可能是全面的觀照。所以，我們只好超離在人間的成敗榮辱，與利害得失之上，這就是乘道德而浮遊的意思。

搭計程車的時候，有位司機先生一路跟我聊天，他問我：你覺得國立台灣科技大學怎麼樣？我說很好哇！只是排名沒有像台大、清華、交大那麼高而已，也是很好的大學。他說：我女兒在這邊唸研究所。我問唸什麼研究所？他說：唸土木研究所；又說：她也考上成大，我勸她唸台北這邊。我們總是要講真心話，我說：當然啦！唸這邊也有道理，因為離家近，就讀書情境來說，有家人的親情作為支柱，讀書才不會那麼寂寞，感覺孤軍奮鬥。不過，我要老實說一句話，成大可能比較好，比較開闊，比較有傳統，我還是忍不住說了這句話。顯然我的老莊不到家，還是用儒家來回應，因為面對天下父母心，這個時候我就很難用老莊說，直以儒家對應。

人間的熱門可能是我的冷門

像這樣，你到底是要唸國立台灣科技大學？還是唸國立成功大學？一個在台北，一個在台南，一個可以跟家裡連線，一個校園比較有傳統，人生立刻要面對一個選擇，你不可能兩邊都唸。就我們當前來說的話，最直接面對的問題是，你是要唸人文，還是唸工商？或是唸法政？現在法律系、政治系當紅，大家的思考是什麼科系最熱門，工商是熱門，那文理相對冷門。學生或兒女在填寫志願的時候，你會說當然要填熱門。現在的青少年比較不一樣，比較有主見，他可以唸醫科，但是他不要，他要唸動物系。分數可以填到某一個醫學院醫科，但他選擇的是台大動物系，而且很多同學都是如此。看起來醫科最熱門，但他們想唸動物系，也就是生命科學系。

是要依父母親的出路思考，還是依兒女的才氣志趣？是現在正熱門，還是未來較有發展性？因為三十年風水輪流轉，現在的熱門，三十年後可能轉成冷門；現在的冷門，或許三十年後轉為大熱門，這沒有必然性。就像舊金山的矽谷，是我們新竹科學園區取經效法的範本，如今已經呈現沒落的蕭條景象，二十萬人離開舊金山，南下到洛杉磯，原因是公司關門或裁員，不是最尖端的嗎？一片榮景嗎？還是靠不住。所以，在熱門、冷門之間，什麼是我們要走的路？莊子告訴我們，你不要管社會的熱門或冷門，你只要回到你的天真，你的道德之鄉，「乘道德而浮遊」，回到你自己的感覺，回到你自己的喜歡。

人間的冷門可能是我的熱門

你喜歡，你一生才會守在那裡，才會有成就。只要我真的喜歡，就算是社會的冷門，也會是我一生路上獨一的熱門。所以，在材與不材之間，我們要超離社會「有用」與「無用」的相對區分之上，回到每一個人的自己，你的性向，你的才情，你的遺傳基因，你一路走過來的感覺與喜歡，那才是我們一生要走的路。人人走出自己想要走的路，老子說是「常道」；人人活出自己想要的內涵，老子說是「常名」。走出自己想要走的路，活出自己想要的內涵，這才是每一個人都要做出的存在抉擇，而不是搖擺在有用、無用之間，跟著社會的流行、時髦走，而在那裡舉棋不定。社會流行什麼，自己就跟著時尚走，那就是存在的迷失與價值的失落。

決定自己一生要走的路，對自己真誠，對自己負責，千萬不要搖擺浮沉，我喜歡文史，我一生就走文史的路，不要一面對工商，就覺得自己欠缺、匱乏，好像輸掉一片大好江山。每一個人都有自己的一片天地，人人頭上一片天，我們有自己的天空，這個叫「乘道德而浮遊」。我們面對存在處境的兩難困局之間，你到底要有用，還是無用？無用可以保全，還是有用可以存活？都靠不住，都是一時不定的。既然是相對，當然就沒有保證；那我們就回歸自己的性向才情，走自己理想抱負的路，通過儒家的話來講，這叫當仁不讓，或義無反顧。就道家來說，是歸根復命，歸根是回歸天道的根源，復命是回歸本德的天真，也就是「然」從自己來的「自然」。你要疼惜自己的才情氣魄，還是要看社會的流行時髦往哪邊走？如果隨波逐流，流失的可能就是自己美好的一生。

不改的人可以不殆

實則，我的喜歡，就是唯一的熱門，我要活出自己，走出自己想要走的路，活出自己想要的內涵。這樣的人，就是老子所描述之天道的存在性格，一是「獨立而不改」，二是「周行而不殆」。我走我的路，我自己立，就是獨立；我一生走我自己的路，我不改初衷，不改本色，不管人生的路走到哪裡，我永遠是我。只有獨立的人，才可以周行。也只有不改本懷初衷的人，才可能不殆。像這樣的人，就可以從存在處境的兩難困局中走出來。不是人間社會的冷門或熱門，而是我自己的門，獨一無二的門；這是莊子在〈山木〉篇所抛出的人生議題。

你到底要走哪一條路？最基本的區分，就是有用跟無用，熱門跟冷門，有出路或沒有出路；莊子要我們超離在人間社會「用」的標準之上。青少年的分數主義，或大人世界的功利主義，主義是「義」要以何為「主」？也就是執定「用」的標準。學生分數考得很高，這個學生很有用；那個人獲利甚豐，所以他很有用，且大大的有用。如果表現不符合這一「用」的標準，就會被判為無用。有沒有想過，每一個人的成長背景不同，機遇也不同，此中有人物的「命」，與人間的「緣」。

無掉人間社會的小用，而活出自家生命的大用

我們來自不同的家庭，不同的成長環境，我們有各自不同的性向才情，你怎麼可以用同樣的標準來評估判定呢？我們要擺脫民間世俗的標準，不通過這個「用」的標準，來論定自身是有用，還是無用。莊子講「無用之用，是為大用」，就是我無掉社會「用」的標準，擺脫了社會「用」的標準對我的拘限與羈絆，就是所謂的無用。「無」掉了社會的「用」之後，就能顯現我自家的用，這才是我生命自身的大用。

「無用」，不是沒有用，只是不願意接受社會流行的價值標準，而回到我自己的美好，那是「無用」之後所顯發的「用」。那個「無」當動詞，無掉世俗流行的用，而回到人人自家的用。這樣的用，讓每一個人都有自家的用，才是大用；不然的話，少數人有用，大多數人無用，那是小用。大用就是人人走出自己的路，人人活出自身的用，

而不是每個人在街頭漂流，而失落自身的用。「無用之用，是為大用」，「無用」是鬆綁，不以「用」的標準綁死人間每一個人，而讓每一個人活出自己本身的用。「大」在人人皆有用，人人都是「然」從自己來。

常道常名的放開自得

老子講「無為」，莊子講「無用」。老子的政治智慧，是身在政治的殿堂，知識分子擔負治國平天下的重任，你要「無心而為」；莊子的人生智慧，更貼近民間世俗，對每一個人來說，要無掉社會「用」的標準，也無掉這一執著標準對我們生命的壓迫。不然的話，人間多少人，一生自責，在分數主義下，在功利主義下，總覺得自己輸掉了，那個是可道、可名的認可規定，而不是常道、常名的放開自得。常道、常名就是回到我自己，走我的路，活出我的內涵，我不接受社會的分數主義跟功利主義的宰制。你說道家思想很消極嗎？但你聽我講話的語氣，好像英雄豪傑說出的話吧！道德是天道人德，活出自己的真實美好，這不是人間最積極的嗎？跟著人家跑，流落天涯，而痛失自己，那才消極。

這是在材與不材之間，做一個存在的抉擇，「處乎材與不材之間」，戲答背後藏有深意，看似搖擺在二者之間，實則超越在二者之上。莊子也說「似之而非也，故未免乎累」，倘若一直在二者之間搖擺，在社會流行風向之間擺盪，社會風潮一直在轉變，而你老被牽引而定不住自己，成為生命最大的負累。最後，會發現失落了自己的獨特風格與品味，甚至不曉得自己到底是誰了。

在面對有用、無用的兩難困境，
走出自己想要走的路，
活出自己想要的內涵，
才是每一個人都要做出的存在抉擇。

人間的牽引流落

——罔兩問景

在人生的路上，不要讓自己成為影子，
更不要成為影子的影子，逼出能當家做主的「心」來，
回到自己的本德天真，才能從人間的牽引流落中超拔出來。

「影子的影子」老被「影子」牽動

這是出自〈齊物論〉一段很有意思的寓言故事。主角的名號，一個叫「罔兩」，一個叫「景」，是「影子的影子」跟「影子」的對話。你看，很卡通了吧，展現莊子文學性的想像力。「罔兩問景」，「景」就是影子，「罔」是迷惘，影子不是模糊不清嗎？「兩」是二次方，「罔兩」就是影子拖帶出來的影子，影子的影子那就更模糊更不清了。「影子的影子」問「影子」，我們寫不出來吧，你會想到兩個對話的人物，一個是「影子」，一個是「影子的影子」嗎？不只是想像力的展現，而且還藏有深意。「影之影」問「影」說，你剛剛坐得好好的，忽然間卻站了起來，你剛剛正在行進間，卻突然停了下來；老兄，你這個人怎麼起坐不定，行止無常？不是在走動嗎？卻突然間緊急煞車；而本來穩穩坐在那裡，卻突然間站起身來。

這不是很多父母跟老師罵兒女或學生的話嗎？上課了，還在課堂上跑來跑去，像過動兒一樣，教室秩序很難維繫，很多老師聲帶都喊出了問題。不是要有交通秩序嗎？交通警察還好，吹哨子或開單子就可以了，當老師卻不可以如此這般。「影之影」對「影」提出嚴重抗議，因為影子行止無常，而起坐不定，受害者是誰？當然是影之影。影之影老是被牽動，影要停下來，或站起來，都沒有預先發出緊急通告，本來還在行進中，突然間被迫停下來；本來還坐在椅子上，突然間被硬拉起來。這個拉，可不是拉拔，拉拔還有栽培的苦心。就算父母拉拔兒女長大，也要跟兒女展開心靈對話，不要讓自己成了社會價值觀所投射的「影」，再迫使兒女變成「影之影」。你想拉拔他，卻不是他想要的，完全是父母以愛心之名套上來的枷鎖，是老師以師嚴之尊套上來的桎梏。

依儒家的省思，孟子說：「非由外鑠我也，我固有之也。」做一個好人，仁心會在不安中呈現，仁心呈現的生命狀態，是「覺」醒，而仁心的自我呼喚，是「自覺」，不是外來的制約，而是仁心的自我覺醒。所以，道德一定是出於心志的自由，天下沒有強迫的道德；強迫的道德，等於不道德。這一方面，可以通過孟、莊這兩大家來印證。

「影子」不由自主

影子在影之影的責問抗議下，我們來看它會怎麼回答。現在市區公車改善太多了，時速限制在三十與四十公里之間；以前公車是橫衝直撞的，你會看到司機先生緊急煞車的時候，所有站在中間走道的人，像擠沙丁魚一般，往前衝過去的場景。我們搭公車，像是練單槓一般，每天都在上體育課，男生還好，穿的多是平底鞋，小姐們若是穿高跟鞋的話，像是在跳踢踏舞，一路踢踏過去，比現在嘻哈音樂還熱門。緊急煞車，全車的人被牽動，因為他們沒有被告知，所有的乘客都成了「影之影」，彼此擠壓，當然要提出嚴重的抗議。

「影」怎麼回答？它說：你不要怪我，我是有所「待」才如此的，你以為我可以當家做主嗎？現在台灣最流行的話叫「當家做主」，這四個字是詮釋主體性最恰當的話。只是請某些參加大選的人少說，好話被政治人物一說，就變調走音。當家做主，意謂每一個人的道德良心都可以為自己的一生做主，這是「非由外鑠我也，我固有之也」。道德的事業，是我自己當家，我自己做主，這樣才顯發人性的莊嚴。所以，每一個人都要當家做主，台灣人當家做主，世界上每一個人當家做主，這才是真正的人權。人權的背後，應該講人文理想，你要有人文的思考，有人文的理念，民主人權到最後才不會只剩下投票權。人文教化是在修養中養成，養成生命的智慧，人文理念可不是每一個人在街頭吶喊就會有，不是每一個人投一票就能朗現。

影子的主人「形體」也不能做主

當然，民主法治應該讓每一個人有發言的空間，問題在你的發言要從你的「心」發出來，是天地良心在發聲，背後的精神就是人文理念。影子回答說：你不要責怪我，我是有所待才起坐不定、行止無常，我不由自主。你所待的是我，而我又另有所待，你以為我可以自己做主嗎？這真像二房東指責大房東，大房東很無奈，他也是租別人的房子，再分租出去而已。你怪我，那我怪誰？「吾有所待而然」，你以為起坐不定與行止無常是我願意的嗎？我也是被人家牽動的，同是天涯淪落人，相逢何必曾相識，你我都一樣處境堪憐。

影子再進一步為它的主人辯護，請你不要怪我的主人，我所待的那個人，它本身也有所待。那影子的主人會是誰？當然是形體，原來形體也不是主人，形體就是我們所講的形氣、物欲。人的形軀生命，就叫形體，有形體，才會引出影子。現在是影子的影子，對影子抗議說，你怎麼可以行止無常、起坐不定？因為老是牽動我，而且我又不被告知。影子回應影之影說，請你不要怪我，我是有所待才這樣子的，我是人家的影子當然是不由自主；但是，我告訴你，我所待的那個「形」，也不能做主，它也是有所待的。

逃避不了就去面對

人生好可憐，兒女靠父母，父母也不大可靠，假如父母沒有乘道德而浮遊的話。人生誰沒有哀愁，誰沒有困苦，誰沒有悲傷，所以，父母靠不住，老師也靠不住。

現在的學生靠不住，是因為老師靠不住，老師也在他自己的艱苦中，他也不知道要靠誰。所以，老師要去問老師的老師，老師的老師責任就很重大。我的學生在學校當老師，有一次跑來問我，學生作文寫「人生海海」，請問那是什麼意思？人生海海，他不會，那我也不會，查字典也沒有「人生海海」這個辭語。所以，你僅能用常識來理解，我小時候聽到媽媽說人生是苦海，人世無常，人生無所不苦，人生海海，他海，你也海，你就認了吧！誰怕誰！大家一起海海，那個「海」，有一點開闊，有一點包容的味道。你就跟他在一起，不要逃避，不要厭棄，不要恐懼，逃避不了就面對，他海，你也海，以海的容量包容海。不過老師最好勸學生不要這樣寫，有一點江湖的意味，有欠典雅。

生命的「然」與「不然」，「心」來做主

再說，形體也是靠不住的。所以，莊子加了一句：「惡識所以然，惡識所以不然。」通過人的形體，你怎麼知道他何以如此，何以不如此的理由所在呢？「然」跟「不然」是人生的走向，就是每一當下存在的抉擇。你是「然」，還是「不然」，形體果真不能做決定，這個寓言故事就此結束。莊子把問題拋給我們，你要理解這一段寓言，要有相當的人生體驗，不是光靠學理。「惡識所以然，惡識所以

不然」，當該有一個解說！還好，他有一個比喻，這個形體就像蛇蛻的皮，蟬脫的殼一般，蛇蛻的皮，蟬脫的殼，不是蛇本身，不是蟬本身，只是軀殼，不能做出存在的抉擇。

請問能做主的究竟是誰？答案呼之欲出，但莊子不說，逼你問自己，最後把你的「心」給逼出來。原來，「心」要負完全責任，人生「心」一定要出得來，道家的心，是無心自然，是無執著、無分別的道心，虛靜觀照的心。這個「觀」，跟佛門很貼近。依民族感情，當該說佛門跟道家很貼近，真正的民族大義在此。因為，道家是我們本土的傳統，佛門是外來的，這一點微言，藏有大義；兩大家在「觀」的洞見等同。

總說一句話，在人生的路上，不要讓自己成為影子，更不要成為影子的影子，要識得人的本來面目，道家說是「真人」，不能停留在形體的層次，因為它仍是有待，而不能當家做主。

現代人何止「罔兩」，根本已是「罔萬」

最後，逼出能當家做主的「心」來，要回到自己的本德天真，天真本德由我們的「心」來照現。所以，我們要避開人間的牽引流落，不然的話，會成為人家影子的影子，何止「罔兩」，根本就是「罔萬」，是人家影子的萬次方，隨波逐流，一路滾下去，通通都是影子，而失落自我的真實。莊子逼我們回歸真實的自我，今天我們不是講自我的追尋，自我的成長，自我的實現，自我的超越嗎？正是這一段寓言所蘊含的義理。不要落在如影之影那樣的生涯裡面，人家影之影還會痛切反省，會逼問影，影還會回答說，它不由自主，所待的那個形體也不能做主，那誰能當家做主，當下逼出生命主體的「心」來。「然」跟「不然」的抉擇，就在「心」。

所以，誰可以超越在人間兩難之上？是我們自己的「心」，你的「心」帶著自己超越在人間的兩難之上，材與不材之上，我們才不會變成社會流行的影之影，時代潮流的影之影，那可是流落天涯，知也無涯的「罔萬」。在今天這麼複雜的人間，「知也無涯」，是心知執著名利權勢，街頭什麼都有，而我們什麼都想要，且我們想要的，天下人也都想要，就此為人間帶來無邊的困擾忙亂，存在迷失，而價值失落。莊子的寓言故事，要我們每一個人從影之影那樣的流落中超拔出來，走出自己的人生道路，活出自己的生命內涵。

回歸真實的自我，
讓「心」來當家做主，
才能超越在人間的兩難之上，
不會變成時代潮流的影之影。

人我的相知契合
——濠梁之辯

你的心放下一切，你才會看到一切；不然，你什麼也看不到。
心無何有，人世間就是天地無限寬廣！
到哪裡都感覺真好，不光是當下即是，而且所在皆是。

莊子看水中游魚說魚樂也

人生總在相互牽引中同歸沉落，人跟人之間的友誼與交情，泰半都逃離不了同歸沉落的命運。一起去逛街，一起上夜店，沒有人以文會友，以友輔仁。我們要問，在相互牽引中，可不可能走出人我的相知契合呢？假定我們的「心」出來做主的話，你的心就可以跟朋友的心相知契合，我們擺脫了「形體」、「影子」跟「影之影」的牽連糾纏，朗現真心，體現真人，這個時候，我的心就可以跟親人朋友的心直接照面。

人我相知契合的故事，出自〈秋水〉篇，高中國文課本就有這一則「濠梁之辯」的寓言。莊子跟他的好朋友惠施，來到濠水之上的石梁，你可以想像梁山伯與祝英台會面共遊的場景，「梁」是橋樑，惠施是名家的代表性人物，莊子則是道家的大思想家，莊子看到魚「出游從容」，在水中游來游去，從容是自在自得的存在樣態，莊子加了一句「是魚樂也」。

魚這麼快樂，當他講出「魚樂也」，是在回應人生。在這樣一個小天地裡，優游自得，那麼從容，那麼自在，魚好快樂，這是發自生命由衷的讚歎！他說魚，同時也說自己，這是一個生命的證言，你一定是當下滿是「樂」的感受，才會說得出魚樂也。假定你的生命中只有悲苦，你就看不到魚的樂，而「樂」的存在感，也上不來，人生觀可真主導了人生的行程。

惠施問你不是魚，怎能知魚之樂

你的心放下一切，你才會看到一切；不然，你什麼也看不到。他的好朋友惠施，是名家的泰斗；名家名理，講名實問題。認為物性同異，皆屬相對性質，雖可以合同異以為一，然言說概念要有清楚的界定。儘管莊子的存在感這麼強，而這是一個感人的畫面，天地悠悠，就是兩人間的唯一場景，似乎天地間只剩下這個場景，這是剎那間的永恆，在那個當下，人間的美好，完全朗現。但是，惠施偏偏大煞風景，好朋友相知，喜歡辯論，一個名家，一個道家，他立即以名家的立場做出反應，「子非魚，安知魚之樂？」你又不是魚，怎麼會知道魚是快樂的？快樂是心裡面的感覺，是主觀的感受，所以魚樂只有魚知道。你又不是魚，你怎麼可能知道魚是快樂的？

一對好朋友，美景當前，卻因立場觀點的不同，說出破壞情境的話語。這個時候，莊子被他挑釁的語氣所牽動，這就是人我之間的牽引流落。像莊子這樣的哲人，也會被友朋牽動，你會這樣說，你以為我就不會嗎？「子非我，安知我不知魚之樂？」你也不是我，你怎麼知道我不知道魚是快樂的？你憑什麼下這個論定？這是兩大家派、兩大哲人之間牽引流落的話題析辨。一場意氣風發，互不相讓的尖銳對話，就此展開。惠施不失名家的本色說，你不是魚，你怎麼可能知道魚是快樂的？你是憑空想像，再把你的感覺加在別人的身上，這是遊戲性質大於學術的質疑。

莊子回應你也不是我，怎能知我不知魚之樂

莊子被牽動了，也就以子之矛攻子之盾地說：「子非我，安知我不知魚之樂？」看起來，兩個人拉平了，你會這樣說，我也會啊！問題出在惠施就等著莊子講出一句自失家派立場的話，立即抓住機會說道，對啊，我不是你，我固然不知道你是否知道魚是快樂的；但你終究不是魚，所以剛剛你所說魚是快樂的那一句話，根本是不能成立的廢話。一場論辯若到此結束，立刻舉行頒獎典禮，那第一名一定是惠施，莊子僅名列第二。為什麼？

最重大的理由就在，莊子無意間竟成了另一個惠施，整個會場轉成兩個惠施在對話。莊子走離了他自己，用惠施的思路來回應惠施，他沒有用自家的觀點去進行對話，反而掉落在惠施預設的陷阱中。所

以，朋友間的爭論，有時像鄰居間的爭吵，千萬不要用對方的話罵回去，因為這樣的話，你就失去自我，你還是要講理，要冷靜以對，不要說吵就吵，你以為我不會吵嗎？要打架，你以為我不會打架嗎？他捲起袖子，你也捲起袖子，這就掉落在對方的陷阱中。所以，君子跟小人爭吵，好像都是君子吃虧。因為你要維護你原本的立場，保有一生的德行與教養，一生的風格跟品味，千萬不要被人家牽動，而失落自家的風骨格調。

回歸存在現場，我就在這裡體現了魚之樂

還好莊子立即回過頭來說：「請循其本。」他知道不能再隨惠施起舞，要回到「魚樂也」的存在現場。「本」就是原初存在的處境，請回歸存在的現場，我莊周這個人站在這裡，整個天地濃縮在這一個角落，時間停格，我就站在這裡看到魚「出游從容」，「魚是快樂的」

是我真實的存在感受，沒有人可以質疑，我也不用跟天下人證明。我快樂，魚快樂，這不是理論的解析，而是存在的感受。

一個詩人，一個畫家，還要跟天下人證明嗎？他只要把它寫出來，把它畫出來就是了；他寫出他的詩情，繪出他的畫意，創意靈感出自自家的美感心靈。莊子說，當你問我，你怎麼知道魚是快樂的時候，你已經知道我會知道，你才會這樣問我。你一定預知我可以聽得懂你的話，你才會發問，不然，你的問話通通都是廢話！好，既然人我可以相知，物我為什麼就不能相知呢？你已經認同了人我可以相知，那就等同承認物我也可以相知，此所以我可以知魚，魚也可以知我。

一切已在這裡，一切可以放下

「我知之濠上也」，很簡單，我就站在這裡知道的，這就是存在的實感。你要融入現場，要跟天地同在，跟萬物同行，既達人心，又達人氣，跟著他們的心和感覺走，融入整個生命的情境，融入存在的現場，融入我們的親人朋友，那點滴都在你的心頭，你怎麼會不知道呢？你看到嬰兒臉上綻放的笑容，你會懷疑他是快樂的嗎？那是生命的喜悅，而不是情緒的波動，那是人生美好的自在展現。

「魚樂」是對魚的存在如此美好的直接感應，牠活出牠自己，這叫魚樂也！不是說，他去參加晚宴，或是參加什麼餘興節目，結果中了大獎，說他樂也。孔子講的「樂」，也不是那個意思，「有朋自遠方來，不亦樂乎！」朋友之間的心靈激盪，與生命的交會成長，就是生命本身的美好。「我知之濠上也」，我就在濠水之上的存在現場，直接朗現了生命本身的自在美好，不是理論的建構。我不用跟天下人證明，我就是知道，美好就在這裡，一切已在當下。所以，那是剎那的永恆，天地悠悠的濃縮版就在那裡。

人生路上，我們也可以達到莊子那樣的意境，不管你行旅到哪裡，你都可以說「樂也」。通過莊子寓言的智慧引領，我們走出去就大大不同了，你可以說，關心本土文化的人樂也，因為人我可以相知，物我也可以相知。儒家的世界，是人跟人之間，道家把它推擴到物我之間。我們現在講環保、講生態，道家思想給出最好的理論根基。人我可以相知，物我也可以相知，隔閡就在形體。

道貫千古，端在以心傳心

莊子的修養工夫，主體心靈要超越形體的拘限。「你不是魚」，跟「你也不是我」之間的斷隔，是通過形體來說的。人的內心只要虛靜，就顯靈動。千古以來，此心同，此理同。我們憑什麼能讀懂老子，讀懂莊子，我們用我們的心去讀他的心，道貫千古，端在以心傳心。形氣有隔，所以修養工夫要解消形體的束縛。

〈齊物論〉講「今者，吾喪我」，師父正在打坐，徒弟在旁邊當護法，看到師父解消了形體的拘束之後，所顯發出來的生命氣象是「形如槁木」，再由「形如槁木」去推斷，一定「心如死灰」。徒弟想，假定修養工夫最後的結果是槁木死灰，那我要重新思考要不要跟師父學工夫了。形如槁木，而心如死灰，形體看起來像乾枯木頭一般的生機全無，而心就像死灰不能復燃一般的歸於死寂。死灰就是火已經熄滅了，沒有火苗、火星，那就等同絕滅。難道工夫修到最後竟是這樣！

師父趕快回答，以解開弟子的疑惑，「今者，吾喪我，女知之乎？」「吾」是心靈的我，「喪」是工夫的字眼，當「解消」講，「我」是形體的我；意謂心靈的我，擺脫了形體的我，所以形體的我看起來像乾枯的木頭。人物有生氣，人生發出光采，是因為你心在物中，才有潤澤光采。心不在，生命的光采亮麗就會消散。形如槁木，僅是修養工夫所呈現的樣貌，心擺脫了形體的羈絆，形體少了心啟動的生機活力，看起來有如槁木。且形如槁木，不必然會心如死灰，心靈虛靜，反而是全然的自由，是靈感創意的生機無限，那是道家跟佛家講的虛靜心，或般若智的觀照，看起來是「無」、是「虛」；實則，無限的可能藏在裡面，因為虛靜心可以照現一切的美好。

解消自我，融入對方

「今者，吾喪我，女知之乎？」原來主體的心靈，擺脫了形體的羈絆與拘限，一者可以無限的包容萬物，二者又可以完整的照現萬物。否則，每一個人的形體，自成一座城堡，生命就此成為一座孤城，別人進不去，自己也出不來。

人生首要在「心」要出得來！不是影之影，不是影，也不是形，而是心。你憑什麼可以超越在「有用」與「無用」之上？憑什麼可以做一個「然」跟「不然」的存在抉擇？因為我們有「心」。通過這顆心，莊子站在石梁之上，可以說，我知道魚是快樂的。你說「子非魚」，我說「子非我」，說那些話都是受制於形體的障隔。人我跟物我之間，通過我們的心，那些界限，那些圍牆，那些城堡，通通可以拆除。〈逍遙遊〉說：「無何有之鄉，廣漠之野」，「無何有」，說的是心不執著，也無分別。心無何有，人世間就是天地無限寬廣！不管去到哪裡，都感覺真好，不光是當下即是，而且所在皆是。何止魚樂也，天下每一個人皆樂也。

解開人世的困結

——庖丁解牛

人間就像結構複雜的牛體，你要把這個複雜的牛體解開，就像我們穿越人際關係的誤解與糾結，沒有挫折也沒有傷痛，那是「道」給出的處世智慧。

是解開而不是宰制

這個寓言來自〈養生主〉的一段故事，庖丁在君王面前解牛。「庖丁」是管理廚房的一位先生，「庖」是廚房，「丁」是男士，既管理廚房，就要端出牛肉，在端出牛肉之前，就得先解牛了。這個「解」，是解開的意思，民間世俗就直接講殺牛、屠牛、宰牛。你看莊子，他不只是一個哲學家，也是一個文學家，他講「解牛」。庖丁把一頭牛解開了，問題是，解開牛是一個重大的挑戰，有待於人生的修養工夫。庖丁可以在文惠君的面前，展示他解牛的過程，顯然這位庖丁是自我隱藏的高人，說是展示解牛的過程，實則在教導君王要怎麼治理天下國家。

《論語》中有隱者的記載，藏身在人間的某一個角落，「隱」是內斂含藏，不顯光采。庖丁用音樂的節奏，舞蹈的動作，把牛體解開，沒有流血，沒有哀號，沒有痛苦。君王發出讚嘆的說：我今天真的是大開眼界，一個人的技藝，竟然可以到達如此高超的境地！沒想到庖丁不領情，他抗議說道：「臣之所好者，道也，進乎技矣！」我一生所追尋的是「道」的體現，而不是技藝的演出，你以為我在作秀嗎？你以為剛剛是秀場嗎？你以為我是天王、天后級的人物嗎？

當然是啊！假定這個「天」是「道法自然」的天道，既體現天道，不就是天王、天后嗎？真正的天王、天后只有一個人，那就是在解牛過程中朗現生命理境的庖丁，他唱出來的是無聲之聲的天籟。在台灣歌壇，我唯一聽到的天籟，是阿妹在總統府廣場元旦升旗典禮中高唱的國歌，我太喜歡了！在各電視台的新聞節目裡，一再重播，阿妹因此被大陸封殺，更顯得它是天籟的美聲；此所以阿妹是天后級的，因為歌藝中體現了台灣人的「道」。

解牛是道的體現而不是技藝的演出

「臣之所好者，道也，進乎技矣！」「進」當「越過」解，我追尋的是道的理境，老早越過技藝的層次了，能用這樣的語氣說話，可見君臣相知。

庖丁跟君王講「道」，講無為的治道，不要把政治舞台變成秀場，治國平天下不是個人才藝秀，而是道的充盡體現。今天講治國之道，不是講競選的技藝，看誰搶票的本事比較高超，甚至看誰獲得壓倒性的勝利！得意狂歡會引起反感與對抗，所以人生在我們有一點得意的時候，請不要忘掉別人的感受。可不可以少說一句話，少炫耀，少賣弄，因為它會激起抗爭跟決裂。

牛體要解，牛體是國事、天下事，大和解要通過什麼來「解」？通過「道」來解！不是無情的批判，一邊喊和解，一邊執政、在野各有立場，互不相讓，而欠缺共識，那就永遠無解，庖丁解牛就是詮釋如何解消對抗的生命進程。

刀刃是自我，牛體是人間

「始臣解牛之時」，「始」說的是剛開始解牛的時候，「所見無非牛者」，一眼看去沒有不是牛的，也就是整頭牛都在那裡，一隻龐大的牛體，佇立在庖丁面前，形成人生路上的障隔。這隻牛體就是人間世界的象徵，吾人立身處世，待人接物，人際關係很複雜，也很微妙，就是「知也無涯」。人間就像結構複雜的牛體，你要把這個複雜的牛體解開，就像我們穿越人際關係的誤解與糾結，而活出一生的美好，穿越多重難關而沒有挫折，也沒有傷痛，就像庖丁所解的牛一樣，那是「道」給出的處世智慧。

「三年之後，未嘗見全牛也」，經過三年的磨練，我看到的不再是整頭牛，那會是什麼牛？部分的牛嗎？不可能啊！三年之後，不再看到整頭牛隻在那裡，那麼牛會以怎麼樣的姿態現身？通過今天比較容易理解，大概就是X光透視的牛，超音波掃描的牛，解剖學剖析的牛，有如各大醫院每天都在進行檢驗觀測。他一眼看去，不再看到整頭牛的血肉堆在那裡，只看到骨架結構，架構就比較簡單，簡單就比較容易解開。所以，「未嘗見全牛」，可以找到解牛的切入點與空隙。

目視心知止息，心神主導前行

「方今之時，臣以神遇，而不以目視，官知止而神欲行」，他說自身解牛十九年，從三年之後，到了方今之時，等於歷經十六年的成長。「臣以神遇」，是用我的心神來解牛，用我的精神跟牠遇合。「不以目視」，人跟牛的接觸，不再用眼睛看，用「肉眼」看到的是整頭牛的血肉，而用「心眼」看到的是牛的骨架結構，有如今天所說的抽象思考。「官、知止」，「官」是感官，也就是目視，只看到表象；「知」是心的認知，在主客相對中，融不入牛體；「止」是我的感官跟心知的功能作用都停止。此所以第二階段的「三年之後，未嘗見全牛」，是以「心知」去看的，因為技術熟練了，且逐步瞭解牠的結構，不再一眼看到血肉牛體，而只看到牛體架構，你就知道刀要往哪邊走，解牛就簡易許多。心知就像知識的態度，累積經驗而技藝熟練。第一個階段的「官覺」，跟第二階段的「心知」，都停止作用了，叫「官、知止，而神欲行」，我的心神隨順牛體的架構肌理，而直覺感應前行。

庖丁解牛的最高境界，如同孔子所說的「七十而從心所欲，不踰矩」。當生命走向完全由心靈主導帶動，儘管隨心所欲，也不會踰越規矩，因為人心就是天理，朗現了「天人合一」的境界。由此可以理解，莊周為什麼可以說「魚樂也」，他是用心神跟魚遇合相知的。解牛到最後，是用我的心神在主導刀的動向，不是靠目視，也不是靠心知，完全由我的心主導。我的手沒有動，意念沒有動，而是心神在引導刀的運行，似有還無，似動非動的自在運行。此解牛工夫已入化境，整個行跡都被化掉了。

「神遇」所解的牛，是神體的牛，就像山水畫家畫的山水，與田園詩人寫的田園一般，山水田園已入空靈，展現的是詩心畫意。神遇解牛，可以說是藝術美感的境界朗現。「以神遇牛」，所朗現的是牛的境界，不是目視所看見的牛，也不是心知去剖析的牛，而是用心神來釋放的牛。徐復觀先生寫《中國藝術精神》，主要的論據就在「庖丁解牛」的寓言解析。解牛不是技藝的演出，而是道的體現。

解牛之道在刀刃無厚

台灣名作家，李昂小姐，有一本名著《殺夫》，她出身哲學系，依莊子她或許可以更改書名為《解夫》。殺夫帶來痛苦跟流血，還有罪刑加身的嚴重後果。假定是「解夫」的「解」，解開心結情累，那兩個人之間，也不會有生死決裂的問題，都解開了，相互鬆綁解套，那不就是人我兩忘自在自得了嗎？「解」的工夫，就是道家的生命大智慧。解消心知的執著，存在的時空就是無何有之鄉的廣漠之野。

「彼節者有間，而刀刃者無厚」，是說這把刀是沒有厚度的，而骨節是有空隙的，牛體再複雜，總是一個結構體，結構體就有骨架血脈之間的空隙，而我這把刀沒有厚度，再窄小的空間，我都可以通過，那不就可以把牠解開了嗎？不會有切割的傷痛，不會有砍斫的流血，就像針灸一般，尋虛而入。我第一次接受針灸，是從額頭插進去的，學生嚇死了！你不要看大學生很勇猛，一看針要插入腳的穴道中，趕快爬起身來跑掉！醫生下針插進我的三叉神經，學生過來問我，老師你怎麼敢讓他下針？我說，我對幾千年的傳統有信心，中國醫學著重生命之氣的調和調理，「氣」是流動的，而經脈氣穴是虛的，卻有它的功能作用。刀刃是生命的自我，自我沒有厚度，天下再複雜，我這把刀都可以解開它，迎刃而解且「遊刃有餘」。

解消自我，給出空間

「恢恢乎，其於遊刃也，必有餘地矣」，你會覺得空間很大，看起來，骨節之間，筋肉之間，好像沒有空隙，只要刀刃無厚，就可以通過。而且，還覺得空間無限的寬廣，不僅可以遊刃舞蹈，而且還留有餘地。人生在世，可以解開人間世的困結，讓人我的空間，變得很大，不要去挑戰，不必去對抗，更不用去決鬥。每一個人都可以跟自己和解，也可以跟天下人和解，相互給空間。每一個人都要刀刃無厚，這樣的話，台灣才有空間，兩岸才有空間。雙方都要「解」，解開彼此間的意識型態，解消自己的執著與造作。

本來是要解「牛體」，莊子的洞見，就在要先解自家生命主體的「心」，因為「心」有「知」的作用，而「知」的本質是執著，要解心知對「自我」的執著。當心中執著的自我解掉了，牛體的複雜結構，也同時被解消了。當自我歸零，牛體骨節筋肉之間再窄小，也會顯得無限寬廣。原來問題出在我們自己，不是天下人的錯，是我們自己的痴迷熱狂。我們把心結情累解開消除，不要那麼多的執著，那麼多的分別，那麼多的比較跟得失，那麼多的患得患失，籠罩在生命上空的滿天陰霾，就立即消散。你身處無何有之鄉，就是「廣漠之野」，天地無限寬廣，這個時候給出了莊周可以做蝴蝶夢與庖丁可以解牛的自在空間。

「解」的工夫，
就是道家的生命大智慧。
解消心知的執著，
存在的時空就是無何有之鄉的廣漠之野。

生命的交會成長

——莊周夢蝶

人生不要老在心知執著與人為造作中原地打轉，而走不出自己的路來，要回歸生命自身，做修養工夫，活出何等樣的人生，完全由自家決定。

周不是周，蝶不是蝶的「夢」

這一則做蝴蝶夢的寓言，就出現在〈齊物論〉的最後一段。說某一個夜晚，莊子在睡夢中，發現自己「栩栩然蝶也」，竟化身為一隻正款款飛舞，而歡暢自得的蝴蝶。「自喻適志與，不知周也」，他正得意於自己可以隨心所欲的在花園中閃閃舞動，就在那個當下，已忘掉了本來名叫莊周的那個人。

沒過多久，從睡夢中醒來，「蘧蘧然周也」，赫然發現自己還是原本名為莊周的那個人。這時候，心中閃現一個天大的問號，問自己是剛剛莊周夢為蝴蝶，還是現在蝴蝶正夢為莊周呢？人生路上哪一段是夢，哪一段才是覺？這涉及生命主體自我認同的定位問題。

處在醒覺的狀態，心神落在形體的限定中，進入睡夢的時刻，心神已擺脫了形體的拘限，此身可以是蝴蝶，也可以是莊周，甚至在「栩栩然蝶也」與「蘧蘧然周也」之間來去自如，形體在睡夢中可以隨意轉換。莊周可以不是莊周，所以莊周可以是蝴蝶；蝴蝶可以不是蝴蝶，所以蝴蝶可以是莊周。

人在睡夢中打破形體的拘限，物我可以兩忘，情景也可交融，在千年的文化傳統中，「莊周夢蝶」的這則寓言，完全以藝術美感的姿態出現，可不像孔子夢見周公那般，要背負人文傳統的沉重，這是莊周身為大文豪所開顯的文學理境。

周還是周，蝶還是蝶的「分」

問題在，身分互易，而處境也隨之而轉，擺脫形體，而心神自在，「夢為蝴蝶」，真的要在「自喻適志與」的存在感中過此生嗎？實則，化身蝴蝶也有形軀脆弱與生命短暫的限制，只顯現剎那間的美感，而給不出人物活在人間的意氣風發與智慧靈動。孔子說：「鳥獸不可與同群，吾非斯人之徒而誰與！」這雖是儒家的義理，卻也是人性的展現。人生而為人，當然要「與斯人之徒」同群，守住人文的價值美好，難不成要「與鳥獸」同群，棲身山林共此生嗎？故「莊周夢蝶」，意境雖美，也只是「偷得浮生半日閒」，在道德、知識與實用之外，所展現出來屬於人間多餘的光采而已！那可不是情意理想的終極歸鄉。

所以，大哲人的莊周，不能停留在閒情自得的美感理趣中，總要回到人物活在人間的存在真實，而為人活一生找到生命價值的根源之地。他說：「周與蝶，則必有分矣！」形體可以解消，也可以轉換，但周所以是周，蝶所以是蝶的本德天真，總是各有本分的。如同孟子所說人皆有仁義禮智的德性心，是「命也，有性焉」，「命也」意謂莊周還是要回頭做莊周的自己，蝴蝶還是要回頭做蝴蝶的自己；「有性焉」意謂莊周要活出莊周一生的美好，蝴蝶也要活出蝴蝶一生的美好，一生的美好就在本德天真的「分」。所以，周與蝶，要各盡其分，各安其命。

最後，莊子以「此之謂物化」作結。「物化」與首段「今者，吾喪我」的「喪我」前後呼應。「喪我」等同「物化」，「喪」與「化」當動詞用，是工夫的字眼，「喪我」重在解消形體，「物化」重在相互融入。形體解消，人我、物我之間，即無障隔，莊周固可以融入蝴蝶，蝴蝶也可以融入莊周了。不過，終究要回歸莊周還是莊周，蝴蝶還是蝴蝶的「分」。

「見山祇是山，見水祇是水」的大覺

這一段寓言故事，似乎重現在青原惟信禪師的禪門修行的三關進程中。

一是「老僧三十年前，未參禪時，見山是山，見水是水。」

二是「及至後來親見知識，有箇入處，見山不是山，見水不是水。」

三是「而今得箇休歇處，依前，見山祇是山，見水祇是水。」

莊周夢蝶與老僧參禪，兩相對看，未參禪時的見山是山，見水是水，正如未入夢時的周是周，蝶是蝶。此山水周蝶皆屬受限於形軀的現象存在。

親見知識有箇入處的見山不是山，見水不是水，一如周之夢為蝴蝶的周不是周，蝶之夢為周的蝶不是蝶。入道一如入夢，親見知識是修行體悟，夢為蝴蝶是物化融入。此山水周蝶已擺脫形體的拘限與負累，不是山不是水，不是周不是蝶，心神已獲致自在的餘地空間。

得箇休歇處的見山祇是山，見水祇是水，一如周與蝶的必有分。這裡說「依前」，神似孟子說「分定」，「必有分」是周與蝶還是得回頭朗現自己的分，禪門說「祇是」，是山與水找回自家的本來面目。不論是第三關的山水依前祇是，與周蝶的終必有分的理境開顯，都是由第二關的修養工夫所體現證成的生命境界。

莊子由覺而入夢，再由夢醒而大覺，儘管周還是周，蝶還是蝶，不過，其間經由周夢蝶、蝶夢周的轉折，在自我解消中相互融入，周與蝶不止祇是，還更上一層樓的「大是」，「大」就在道已朗現在我身，所以不止於與「夢」相對的「覺」，而是悟道體道的「大覺」。

生命主體的「心」，做出存在抉擇

不論是莊周夢蝶，還是老僧證道，通過「庖丁解牛」來看，生命主體的「心」，落在形中，面對天地萬物，可以有目視、心知與神遇的不同層次，而一氣之化的萬象流轉，也會以不同層次的姿態映現在我們的面前。目視看到的僅是具體的形象，心知執取的則是抽象的概念，或實用的價值，神遇體現的已是生命的理境。

人生不要老在心知執著與人為造作中原地打轉，而走不出自己的路來，要回歸生命自身，做修養工夫，到底要活出何等樣的人生，完全由自家決定。老子說「道法自然」，道永遠不離它自己恆常如此的生成原理，「自然」是「然」從自己而來，也就是它是它自己存在的理由，才能保證它自己的存在，也保證萬物的存在。我們立身人間，是要活出目視、心知、或神遇的那一層次那一高度，完全是由自家的「心」所做出的存在抉擇。

我總覺得這個社會太複雜，人間太艱苦，大家坎坎坷坷過一生，實則轉念間也可以瀟瀟灑灑走一回。問題在主體的心一定要釋放自己，才能釋放天下。原來人世間人我是一起得救的，夫妻是一體成全的，兩岸間也是一起得救，兩代間也是一體成全；北京「無厚」，台北也「無厚」，執政黨「無厚」，在野黨也「無厚」，兩岸就有空間，朝野就有空間，我們就能在無何有之鄉，做我們的蝴蝶夢，在天地無限寬廣中，互相給餘地空間，牛體再複雜也可以在「無厚」中迎刃而解，在自我解消融入一體無別的理境中。

人生的當機示相
——神巫季咸

人生總落在某一時空交會的機遇中，要從如淵深的生命本身走出來，在每一當下那一機所顯示之相的限定中，活出生命本身無限可能的價值美好！

預知死生禍福的神巫季咸

出自〈應帝王〉篇的這則寓言，在人物對話與情節轉折所透顯的生命洞見，堪稱古今論命最深入也最精采的一段故事。

說鄭國有一位號稱神巫，名叫季咸的算命仙，做為人與神之間的媒介，可以預知人的「死生存亡，禍福壽夭」，且「期以歲月旬日，若神」，可以確定是何年何月，哪一旬哪一天，就如同神明般的靈驗。

他就以身通神明的姿態行走人間，鄭國人看到他，街頭立即淨空，誰也不想面對他的死亡宣判。其中有一個人不用逃開，那就是道家人物的列子。道家視死亡如同回自然老家，反而「見之而心醉」，有幸看到這麼神的傳奇人物，還真醉心不已。列子回到師父壺子的修道之所，直對師父說自家的感受，說我本來以為師父是普天之下道行最高的人物，沒想到今天在人間街頭碰上了一位似乎比師父還高明的有道之士。

壺子聽了這一段不知輕重的話語，可能覺得枉教了他多年，沒好氣的質問他：我看你跟我學道，只聽聞理論，根本沒去實踐，有學道之名，而沒有行道之實，你真的以為已學得我的道嗎？就好像只看到一群母雞下蛋，而沒有公雞配種，有卵卻未成形，怎能孵出小雞來呢？我看你這個人，老是標舉「道」跟世人對抗，什麼都寫在臉上，什麼也藏不住，「故使人得而相汝」，所以人家就輕易的依你顯露的「相」，而斷定你當下的「命」，不是他神準，而是你膚淺。你那麼崇拜他，就找他來看我的相，斷我的命吧！

壺子當機示相，現身說法

為了救回痴迷熱狂的徒弟，壺子把自身推上第一線，當實驗品來檢驗季咸「若神」的本事，到底有多高？隔天，列子果真引來季咸，入門看了壺子的相，季咸一出來就對列子說：「你的師父死定了，活不了十天了，準備辦後事吧！因為他的臉相呈現出像溼灰般的了無生氣！」這哪裡是神算子的語氣，根本就是烏鴉嘴的口吻。

列子可以不在乎自己的生死，但一聽說師父死定了，就邊哭邊向師父說出季咸的鐵口直斷。壺子淡定的做出解釋，「鄉吾示之以地文」，我剛才給他看的是像「地文」般的寂靜之相，如同用水澆透的溼灰，未表露出任何生機，「是殆見吾杜德機也」，他會斷定我活不了，可能是看到我在當下那一機關閉了我的生機元氣之故。好，明天再找他來。

隔天，季咸又隨同列子過來，進門看了壺子的相，出門再算壺子的命，說：「算你師父幸運，碰上我，『有瘳矣』，他有救了，在溼灰裡頭透露一點可能復燃的生機，『吾見其杜權』，我在他關閉生機中看到了權變。」

列子一聽，立即轉身入內，向師父報告這一轉機。壺子又平靜的做出解釋，說：「鄉吾示之以天壤」，我剛才給他看的是天地一氣之象，人間依名求實的執著造作，不能干擾我內心的平靜，而生機卻從腳底湧泉上來，所以他才會做出「有救」的論定。「是殆見吾善者（德）機也」，道家說生命源頭，從超越說是天道，從內在說是人德，杜德是關閉本德天真，所以看起來生機全無；善德是顯露天真本德，權變在重新開啟本德天真之門，當下湧現了源源不絕的生機，當然會說有救了。好，明天再找他來。

隔天，季咸又隨列子到來，進門看了壺子的相，又出來論壺子的命，說：「你的師父今天臉相不整齊，一邊喜形於色，一邊神情哀傷，兩邊不一致，我得不到足夠的訊息可以做出論斷。請他重整一下自己的臉相，我再來依據他的相而論定他的命吧！」

列子入內，據實以告，壺子又解釋說：「鄉吾示之以太沖莫勝」，剛才我給他的臉相，是兩邊對反，又相互平衡，悲喜之情沒有哪一邊可以壓過另一邊，兩相抵消而歸於虛，所以說無從論定。「是殆見吾衡氣機也」，他大概看到了我的生命氣象，是兩邊平衡，沒有朕兆可以做出判斷的緣故吧！

道體的生成作用有無限可能

壺子又對連續三天的相命過程，做出綜合的理論說解，「鯢桓之審為淵，止水之審為淵，流水之審為淵，淵有九名，此處三焉」，《老子》第四章有云：「道沖而用之或不盈，淵兮似萬物之宗。」妙用無窮的道體，就以深不可測的「淵」，來做出象徵性的解說，「淵有九名」，「九」是窮極之數，意謂道體的生成作用，有無限的可能，「審」是「潘」，是水流之深處，「此處三焉」，是水所顯示出來的存在樣態，一是靜止的水，二是流動的水，三是既靜止又流動、且在原地打轉的水，靜止的水比喻的是杜德機，流動的水比喻的是善德機，迴旋的水比喻的是衡氣機。

體現道的修行人，可以顯現道的不同面相，靜止的水顯現道體的「無」相，流動的水顯現道體的「有」相，又靜止又流動的水顯現道體又有又無的平衡之相。故「此處三焉」，已然窮盡，《列子》書中以為九減三還有六，又加進了彼此不相統屬的其他六者，顯然跟莊子這段寓言的說法，完全不相應。

概括說解之後，壺子又說，明日再找他來。隔天，列子陪季咸一樣的到來，一腳跨入門檻，另一腳猶未站定，不曉得他看到了什麼相，轉身就逃，瞬間不見蹤影。壺子立即下達「追之」的命令，未料可以御風而行的列子，竟「追之不及」，回來跟師父報告，說「已滅矣，已失矣，吾弗及已」。說列子追之不及，等於宣告那個人已在人間消失，說他「自失而走」，如同自我放逐，從此江湖除名，這是他的英雄氣概，一世英名付之流水。看盡天下人的相，算盡天下人的命，最後竟然看不到對方的相，當然算不出對方的命。金字招牌已被自身砸掉了，正如鐵口直斷他人的命一般，不為自己留下餘地，徹徹底底在人間消失了。

不示「相」，何從論「命」

問題在，季咸到底看到了什麼「相」，竟讓他「命」猶未算，即逃離現場。壺子給出的解釋，「鄉吾示之以未始出吾宗」，說我剛剛給他看的是我從未走離我自己的生命本身。此生命本身如同「淵」般的深藏不露，生命本身是超越的道內在於人的「德」，這就是老子所說的「道生之，德畜之」，道是「窈兮冥兮」與「惚兮恍兮」之深遠不可知與無形不可繫的「無」，德是「其中有象」與「其中有精」之精象的「有」，總要落在「物形之，勢成之」的物勢形成，才能以「其中有物」與「其中有信」的形象出現在氣化世界中。「未始出」就是我不走出來給你看，我不示「相」，你又何從論「命」，自己號稱神算，最後竟連對方的相都看不到，人生路只剩下「自失而走」一途了。

「未始出」就道家義理來說，還有另一個可能，老莊的修養工夫，老子「致虛」，莊子說是「心齋」，老子「守靜」，莊子說是「坐忘」，無掉心知的執著，心無何有而虛靜如鏡，莊子說「未始出」，如同「半畝方塘一鑑開」，像天地間一面大明鏡，明鏡本身是「無」，卻可以照現天下萬物的「有」，壺子「未始出」不給看，像一面明鏡般，反照出季咸天涯淪落人的衰頹形相，他一生為人算命，卻從未面對自己，也從來沒有做涵養工夫來滋潤自己。在這一時刻他受不了自己，他被自己的形象嚇壞了，逃離現場成了人生困局的唯一出路。

虛靜如鏡，照現實相

「吾與之虛而委蛇，不知其誰何」，壺子虛了自己，如影隨形，附著在季咸的身邊，季咸擺脫不了，又不知老纏繞在自己周遭的人是何方神聖。「因以為弟靡，因以為波隨，故逃也」，這樣的化身為無，如同草的隨風而靡，也如同水的隨波而流，根本就無相可相，也無命可算，不逃開又能如何！

壺子現身說法，這一番的自我說解，不是神通，而是道行，把道體現在自家的身上。每一個人的天真本德，就如同「道」的無聲無形，也無所不在；又如同「淵」般的深不可測，也深藏不露。所以可以「未始出」的不示相，也可以虛靜如鏡，照現對方看似神氣，實則衰頹的落魄相，這不是賣弄炫耀，而是教導列子，也搶救季咸。

最後說列子自以為「未始學而歸」，愧對師門多年所傳的道，回家修養實踐，三年不出門，為妻子下廚房，飼養豬如同對待人，看淡天下事，從人為造作中回歸自然素樸，讓自身一無所有的立身在天地間，在世事紛擾中保有內心的平靜，終其身以道做為價值的依歸。這一段師父教導列子「為道日損」的修行歷程，想必也是壺子逼季咸回頭的一番心意，季咸可能正藏身在天地間的某一個角落，跟列子一般的放下一切，以涵養工夫找回生命本身的真實與美好！

應機示相只在當下

解讀這一段寓言，要有一番體悟，人生總落在某一時空交會的機遇中，你要從如淵深的生命本身走出來，示一個相給親人朋友看，讓親人朋友可以看到我，彼此間有情意的交流與理想的會通，這是做人的一分體貼心意。而所示的「相」，等同我們在那一存在處境所扮演的角色，有如粉墨登場，上台亮相一般，臉上畫了某一平劇臉譜，扮演的角色定了，所當發揮的功能也就定了，角色是「相」，功能則是「命」。

就此看來，由「相」看「命」是有道理的。問題在，那只是應當下那一「機」所顯示出來的「相」，從「相」定「命」，僅在那一時間與那一空間的交會點有效，一走離這一機的存在現場，又回歸無限可能的生命本身。民間世俗所說的「人不可貌相」，就與「真人不露相」的意涵相近。

生命本身深不可測

人生的機遇，就在當下那一機，要示什麼相，這是自身可以決定的。重點在「應機」，用今天的話來說，就是融入現場。不管在哪一場合，都要把「心」帶去，真人說真話，也流露真情，扮演好自己的角色，且發揮這一角色應盡的功能，人生就從「應機」來說命好。否則，老在情境狀況之外，心不在現場，而欠缺存在感，反而讓親人朋友傷感，人生就從不應機說命不好。

我們在這一場人生大戲中，演出的角色功能，在應機中雖說是一個限定，但同時也是一個可能，人生就在每一當下那一機所顯示之相的限定中，去活出生命本身無限可能的價值美好！就像每一場的演講或授課，我所示的相，就在這一機緣的時間限定中，儘管莊子的智慧永遠講不盡，這一展開「示相」與「識相」的算命歷程，也給出了我們回歸生命本身之無限可能的價值空間。講者與聽者都在這一機中，這個時間內所顯示的相，就是我們共同的命。每一個人的生命本身，都是無限的，但在時空的交會點所顯示的相，卻是有限的。我們都把心帶來了，融入了現場，演出了一場好戲，而這是我們的共命，也是大家一起好命。

人生的機遇，就在當下那一機，
要示什麼「相」，是自身可以決定的。

鑿破渾沌的死亡與重生
——渾沌之死

在鑿破渾沌的同時，正開啟了走離茫昧的重生之門。從形氣物欲的自然現象，通過修養工夫的自我轉化與提升，將朗現證成天道的生命理境。

最好的待是無待

這則寓言，出自〈應帝王〉的最後一段，是《莊子》內篇的終結篇。

故事情節簡簡單單，寥寥幾筆而已。說北海之帝的存在性格是儵，南海之帝的存在性格是忽，依《楚辭・少司命》所說的「儵而來時忽而逝」這一句話來看，人間帝王家的統治權力，一者是儵而來，二者是忽而逝，既飄忽難定，又短暫易逝，用孟子的話來說是「求之有道，而得之有命」，意思是說你可以合理的求，卻不一定得。理由在所求在外，而不能自主，就算是堯舜事業，也如同浮雲過太虛，倏忽之間而已！

南北二帝身負一國重任，日理萬機，身心不免疲累，疲累會引來厭倦，甚至是棄絕，所以總得安排假期，前往中央之帝名曰渾沌那兒去度假。因為渾沌未分，說是「帝」實則等同大地的無不乘載，誰來我都接受，如同「至人之用心若鏡，不將不迎」，沒有哪一個人是我要去抗拒，也沒有哪一個人是我想去迎接的，因為鏡照無心無知，沒有執著也就沒有分別，順任物性自然，照現本來面目而已，讓每一個人從失落自己中重新找回他自己，這是最貼心的待客之道。所以，南北二帝在中央渾沌之地，可以完全放下，遠離俗事塵囂的困擾，而回歸本德天真的自己。

二帝在此休養生息，無意間相遇，「渾沌待之甚善」，「善」不是技藝性的善巧，而是無心自然的道行，渾沌不當主人，以不接待的方式來接待，等同無待，讓遠方來客可以賓至如歸，好像回到家居日常一樣的自在。不必拜會，不用參訪，不上談判桌，不開記者會，百分百的閒散自得，讓生命在一無所有中，重新活轉回來。

七竅開成渾沌亡

假期結束，二帝感念在心，想要回報渾沌無心接待的美德，在四顧蒼茫間，唯有兩人臉色神情的相互映照，當下發現人皆有七竅，渾沌老兄獨無，兩人心意相通，想要給渾沌一份神奇的禮物，那就是為渾沌開竅，每天開一竅，七天開了七竅，七竅成而渾沌死。

《莊子・齊物論》一者說「一受其成形」，人的存在處境，就是無限的「心」，落在有限的「形」中，二者說「其覺也形開，與接為構」，人物在醒覺的狀態，打開了五官的接物之門。耳目鼻口等七竅，用來視聽食息，與萬物接觸，目視五色，耳聽五音，口品五味。人與人之間，因「成形」而有彼是之分，因「形開」接物而心知介入，執著「彼是」，而構成了「是非」，王船山說：「知出於心，反以亂心。」莊子又說：「日以心鬥。」心頭亂紛紛，人物活在人間的造作紛擾，就此沒完沒了。此所以南北儵忽二帝，要來中央渾沌之地，解消心知執著與人為造作的根本原因。

解莊名家宣穎說：「七日而渾沌死，莊子於此不勝大悲。」這一渾沌死而莊子悲的觸動感懷，會是這則寓言的貼切理解嗎？要釐清這一問題，得借助另一解莊名家陳壽昌的一段話：「內七篇以南冥北冥起，以南海北海止。鯤鵬物也，化則相生，渾沌帝也，鑿之乃死。」南冥北冥起，說的是〈逍遙遊〉首段「大鵬怒飛」的寓言，與〈應帝王〉末段南海北海止這則「渾沌之死」的寓言，似乎暴露出內篇義理內涵前後不相應的困境。

鑿之乃死，化則重生

「大鵬怒飛」說北冥有魚，由小魚長成大魚，再鯤化為鵬，「化」是由大而化的蛻變轉化，一頭大鵬鳥展翅高飛，從北冥人間飛往南冥天池；「渾沌之死」說南海北海儵忽二帝，為中央之帝渾沌開竅，而渾沌死。陳壽昌「鯤鵬物也，化則相生」之說，顯然悖離了莊子這段寓言「由大而化」之價值體現的深層意涵。「鯤化為鵬」是精神生命的飛越，若「鵬化為鯤」則是生命的倒退，故「化則相生」之說，當為「化則重生」之意。且「化則重生」，可與「鑿之乃死」兩相對應。「化」是離形去知的修養工夫，可以開顯南冥天池一體無別的最高理境。「鑿」是心知執著所拖帶出來的人為造作，鑿破的是渾沌不分的泰初原始。

乍看之下，前後兩則寓言，看似彼此背反，實則兩相呼應，因為鑿破渾沌的同時，正開啟了走離茫昧的重生之門。北冥有魚，在原始渾沌中，永遠只是水中的一條魚，總要鑿破渾沌，走出洪荒，突破形氣的禁閉與心知的障隔，由鯤化而為鵬，才可能有大鵬怒飛，從北冥渾沌飛往南冥天池的理境開顯。

混沌未分，道體無別

關鍵在，原始洪荒的渾沌未分，與體現天道的一體無別，分屬不同的層次，如同「復歸於嬰兒」，可不是回歸幼稚無知的嬰兒，而是本德天真的嬰兒；「復歸於樸」，也不是回歸荒涼的村落，而是樸質的鄉土。渾沌未分是原始的自然與現象的自然；道體無別則是境界的自然與價值的自然。故渾沌死而鯤化鵬飛，前後不僅兩相呼應，甚且相得益彰。宣穎所說：「莊子於此不勝大悲」的感傷，可以完全解消，因為鑿之乃死，正預留了「化則重生」的可能空間。

這則寓言，可與「莊周夢蝶」做一比較，中央之帝茫昧未分的渾沌，跟「周是周，蝶是蝶」的存在格局等同；南北二帝為渾沌開竅而走出茫昧，與「周不是周，蝶不是蝶」的工夫修養相當；渾沌死所轉化開顯之一體無別的天池理境，與「周祇是周，蝶祇是蝶」所朗現證成的體道境界，已然「道通為一」。

由是而言，道家所說的「道法自然」，「自然」不是現象的事實義，而是「然從自己來」的價值義，是「化」的修養工夫所開顯之境界的自然。莊子所說的「鯤之大不知其幾千里也，化而為鳥，其名曰鵬」，與孟子所說的「大而化之之謂聖」，儒道兩家都是從形氣物欲的自然現象，通過修養工夫的自我轉化與提升，而朗現證成了天道的生命理境。

叔山無趾的迷失與覺悟
——踵見仲尼

你綁住了自己，也綁住了天下，
你釋放了自己，也釋放了天下。
人生的迷失就在自困自苦，人生的覺悟就在自在自得。

天地不遮覆不乘載的委屈不堪

這則寓言，出自〈德充符〉篇。〈德充符〉各段故事的主角，都是形體不全的殘缺人物，莊子就以「形不全」的缺陷，來說「德不形」的工夫修養。德不形於外，所以德充於內，就如同「上德不德，是以有德」的道理，「不德」就是德不形於外，「有德」就是德充於內，以老解莊，老子以「不德」的化解作用，來保存「有德」的自然美好；莊子則以「德不形於外」的工夫修養，而內斂涵藏以保有「德充於內」的本德天真。

故事開頭，「魯有兀者叔山無趾，踵見仲尼」，魯地叔山有一個兀者，他沒了腳趾，以腳踵走路，求見仲尼。孔子看他兩腳殘缺，依然苦撐而來，無限惋惜的說道，想必你沒謹言慎行，不懂得保護自己，才惹出了事端，而付出了痛失腳趾的代價。雖然這一回艱苦前來，又怎麼來得及呢？聖人救人，包括他的過往，意謂你早日前來見我，不就沒事了嗎？孔子悲憫傷害已成，無可挽回，就好像某些人諱疾忌醫，病情拖延加重，才到醫院求診，而醫師責問病人一樣會有「雖今來，何及矣」的歎惋。

沒想到孔子發自內心的痛感憐惜，竟引來無趾的氣惱，抗聲說道，我年少輕狂，不知要進德修業，生命之氣耗損在不值得的事務上，以致於失去了腳趾，不過，對我來說那已成過去，今天我來是以比腳趾高貴許多的生命人格，向先生求教。這麼多年來我的心思都專注在修補我生命中的傷痕，你怎麼沒有看到我現在的美好，反而一眼就把我逼回過往的傷痛呢？本來，我的心裡一直把夫子等同於天地一樣的尊崇，而上天沒有它不遮覆的，大地也沒有它不乘載的，沒想到夫子卻依然以世俗的眼光來看我，只看到我過往的不堪，與殘缺的雙腳，卻沒有看到透過多年的修補涵養，而重新活回來的我。原來，痛還沒有過去，人家一眼就可以把你看回來。

找回人間街頭失落的自己

孔子聽聞無趾這一番真切的自我表白，立即充滿歉意的說，那是我孔丘的粗陋之過，痛惜你過往所承受的苦，而沒有看到你一路走來的道行有成，給出應有的價值認定。你何不進門來，說說你這麼多年的心路歷程。

孔子試圖彌補自家疏漏的真誠邀請，未被想為自己平反，卻得不到孔夫子肯定讚許的無趾所接受。「雖今來，何及矣」的痛切話語，無異是二度傷害，心灰意冷之下，轉頭就走，決絕而去。

孔子留不住無趾，就以他做為教材，當機指點眾弟子說，無趾肢體不全，還用心修補自身昔日的過錯，何況身心健全的人，在體能氣魄上不是更有拓展的空間嗎？

無趾拒絕進孔子之門，天下雖廣，也只剩下一個可以投靠的高人，那就是與至聖先師齊名的太上老君了。在老聃面前，他極力數說自己對孔子的不滿，說我看孔子的人格修養，還沒到達至人的最高境界吧！他為什麼老是擺出要向你學道的姿態呢？我看他還在祈求人間幻化不實的聲望名氣，難道他還未覺悟聲名對至人人格來說，反而是綁住自己的刑具嗎？他心中的氣憤猶未散去，敬孔子如天地，而孔子卻未能像天地般的遮覆他乘載他，就以徒有其名而未見其實的自家感受，來論定孔子的一生。

這篇寓言說孔子向老聃學道，當然是依據「孔子問禮於老聃」的傳說，實則，孔子自孔子，老聃自老聃，各創一家言，孔子問禮於老聃，不是《道德經》作者的老聃，而是一個禮學的專家，一個智慧的老人，跟說出「禮者忠信之薄而亂之首」之激切批判語的老聃，不可能是同一個人。

老聃聽了這一番激越急切而有失分寸的話語，深知他心靈的創傷，猶未修復，不然不會那麼在意孔子一眼看到他的腳趾。老聃的道家性格，本在虛靜觀復，虛靜心像一面明鏡，鏡子沒有自己而照現萬物，讓萬物回歸它自己的天真本德。無趾正可以在老聃的虛靜觀照下療傷止痛，而找回在人間街頭失落的自己。

一起救孔子的逼問徹悟

所以，老聃只是傾聽，而給出包容，不作批判，反而順應他的語氣，給出「孔子既如此不上道，那麼我們一起來救他」的邀請，「解其桎梏，其可乎」，既然你所描述的孔子修行不到家，我們一者打破他對生死的執著二分，不執著「生」，「死」就不會成為生命中的傷痛；二者打破他對可不可的執著二分，不執著「可」的價值標準，就不會有掉落在「不可」的恐懼。心中無死生之分，與是非之別，就不會有刑具加身的負累與傷害。

老聃發出了我們一起來救孔子的呼喚，有如當頭棒喝般，逼出了無趾的大徹大悟，試想人世間還有誰可以救孔子，即使老聃自身，充其量也僅能「相忘乎道術」的並行同遊而已！老聃這一最高貴，也最荒謬的邀請，有如天大的問號，敲在無趾的心頭，把無趾逼回生命本身，而朗現了「無己」、「無功」、「無名」的本德天真，當下說出了最有痛切感，也最具存在感之「天刑之，安可解」這句真言，「丘，天之戮民也」，就是「天刑之」，既是老天加在他身上的使命感，試問人間會有誰可以幫他解開呢？

釋放了自己也釋放了天下

孟子說仁義禮智之性，「命也，有性焉，君子不謂命也」，從性的天生而有說是「天」，從「命也」的限定說是「刑」，故仁義禮智之性，就是「天刑之」，而「君子不謂命也」，也就是「安可解」之意。因為該盡的性分無限，而去承擔的氣命卻有限，所以人生不免有憾。既不可解，也無須解，做該做的事，盡該盡的分，直下承擔就是了。

無趾在無可閃躲的當下，體悟到孔子身上的桎梏，不就是自己「心」上的桎梏嗎？孔子身上的「安可解」，不就是自己心上的何須解嗎？說救孔子，實則亟待救援的反而是無趾自己；當他心中放下對孔子不滿的同時，也解消了自己心上的桎梏。原來人生在世，你綁住了自己，也綁住了天下，你釋放了自己，也釋放了天下。人生的迷失就在自困自苦，人生的覺悟就在自在自得；而人生的自我救贖之路，就在從迷失走向覺悟。

方內方外的並行共遊

——道術相忘

相忘是互相放下，你不用承擔我，我也不用背負你，不起執著就免除負累，你忘了我，我也忘了你，一切已在當下，所以當下可以放下一切。

方內方外的價值取向

這一則寓言故事，出現在〈大宗師〉，說有三位方外高人，「子桑戶、孟子反、子琴張三人相與語曰」，等同發表聯合宣言，徵求「相與於無相與，相為於無相為」的人，可以做成朋友。

因為友朋之道，一者要能相與，二者要能相為，前者相互陪伴，後者相互支持。而陪伴要給出時間，支持要付之行動，日久天長會成了負累，所以要加上一個「無」的智慧來化解，是無心的相與，也無心的相為，既無心不執著，也就不成負累了，這樣才能長久的相與，也長久的相為，而做成真正的朋友。

再問誰能跟天地同在（登天遊霧），與萬物同行（撓挑無極），不知生不知死，解消了生死的執著分別，永遠的自在逍遙，永遠的無傷無痛，這樣的人才可以做成朋友，否則人間交友總會有生離的哀傷，與死別的大痛。

三人心意已通，相視而笑，做成了好朋友。沒過多久，子桑戶死了，而他的過世，可說是三人的幸運，心中掃除了生死的陰影，知友過世已無遺憾，如同回歸天地自然的老家，沒有哀悼，只有送別。孔子聽聞了這一訊息，就派遣得意門生子貢前往助理喪事。一到現場，只見兩位高人一邊編曲，一邊鼓琴，又相和而歌，唱送別曲，說你已回歸生命的真實，而我們還在人間流落呢！

當下子貢不以為然的質問，停棺未葬，請問還彈琴高歌，合禮嗎？兩位高人神色淡定的答道，你閣下怎能知禮的本意！原來，子貢質疑的是「禮」制，而兩位回應的是「禮」意，二者分屬不同層次。

遊乎天地一氣的方外高人

子貢受挫而回，向孔子報告此行見聞，不能理解也不能接受的問說，他們到底是什麼道的人物，所修所行盡在無掉禮制禮俗，似乎把人的形體看做是可有可無的存在，對著過世的友人鼓琴唱曲，而神情不見哀戚。請問老師，他們到底會是哪一道的人物！

孔子答道，他們是遊於禮制之外，而我們是遊於禮制之內，一內一外幾乎沒有交集的空間，我要你去協助治喪，那是我的粗陋。他們投身在自然造化的情境間，遊心於天地的一氣之化中，把生看成多餘的累贅，把死看做是困苦的解消。他們心中無生死，認為人物的存在，是假借不同的形體，而心卻依託在天道的一體無別之中。肝膽耳目的官能，可以遺忘；而生生死死的循環反覆，根本不知從何處開端。他們的生命徜徉在世情俗染之外，人間事業無所掛礙，像他們這樣的方外高人，怎麼可能會被世俗之禮綁住，勉強自己而展示給天下人看呢？

這是孔聖人對隱者朋友既達人心，又達人氣的同情了解，跟方外人的心同在，也跟方外人的氣同行，他要安撫子貢受挫的心情，又不想批判方外高人的言行，只好說都是自己的粗陋之過。而這一番對方外高人的高度評價，讓子貢深感困惑，似乎失去了孔子開創儒學的本有立場。立即問出了他要追隨孔子走怎麼樣的人生路？說孔子把方外高人的價值取向評價如此之高，那請問孔子你到底要依於何方？是方內，還是方外？

依於方內的天生勞累人

這涉及儒門師生行走人間的路線問題，是無可閃躲，且要明確的回答子貢「夫子何方之依」的逼問。莊子寓言引孔子做為故事的主角，成了自己的代言人，但不能委屈孔子，甚或醜化孔子，那會是對孔夫子的大不敬。所以莊子如何寫寓言中孔子的言行舉止，反映的是莊子自己的生命高度。

孔子回答說，「丘，天之戮民也，雖然，吾與女共之。」這句話的分量無比重大，也十分動人，說我孔丘是天生的勞累人，直截了當的說自己當然是依於方內。方內要把天下人納入體制中運作，發揮角色功能，總要承擔責任，與塵囂俗染共處，老子說「同其塵」，治國平天下總得渾同自己於塵土，世情如塵土，這是人物活在人間的共命。雖然承擔不免勞累，我們師生倆還是一起來守住方內之道吧！

儒門與隱者的人間對話

《論語》有一段記載，說子路追隨孔子，因事落後，遇上荷蓧丈人，請問老先生有看到我的老師路過嗎？丈人卻以「四體不勤，五穀不分」譏刺孔子，自顧低頭除草，一副不理人的樣子。子路仍拱手行禮，站立一旁，丈人就留子路過夜。且「殺雞為黍以食之」，還「見其二子」，這是儒門與隱者之間的直接照面與善意互動。隔天，子路趕上孔子，說出這段遭遇，孔子一聽，接口就說：「隱者也。」當下要子路回頭去見丈人，可能要對隱者表達一分敬重之情吧！可惜「至則行矣」，不見了丈人一家人身影。顯然丈人對孔子的心胸氣度是有深刻體認的，隱者遯世還能行腳何方，想當然耳是藏身在草房田野的某一角落，跟「歌而過孔子」的接輿一樣避開跟孔子的直接對話，擔心會被孔子的三兩句折服，而動搖了自己從人間隱退的理念吧！

不過，子路深知他們一家人並未走遠，就對著草叢曠野說出了一段儒者的自我表白，「道之不行，已知之矣」，大道不能實現於當世，我們早就心中有數了。問題不在有沒有可能，而在應不應該，誠如隱者晨門說孔子是「知其不可而為之」，雖屬事實的不可能，卻是價值的當該為。由此而言，莊子筆下的孔子，還是保有孔夫子「士志於道」的生命高度，符應了《論語》一書所塑造刻畫的儒者形相。

方內方外相忘而共遊

子貢得到了可以安下心來的答案，進一步請孔子教導要如何去做的智慧？孔子答道：「魚相造乎水，人相造乎道。相造乎水者，穿池而養給；相造乎道者，無事而生定。故曰：魚相忘於江湖，人相忘於道術。」

這一段話，以魚相造乎水，來說人相造乎道；再以魚在水中相遇的穿池養給，來說人在道中相遇的無事生定；最後以魚在水中的養分自給，與人在道中的生命自定，來說魚在江水湖水中可以相忘，人在道體術用中也可以相忘。相忘是互相放下，你不用承擔我，我也不用背負你，不起執著就免除負累，你忘了我，我也忘了你，對魚來說「水」是一切美好的源頭，對人來說「道」就是一切價值的依歸。水是一切，道是一切，一切已在當下，所以當下可以放下一切。人我之間說是相忘，就個人修養來說，是謂「坐忘」。「坐」就是當下現前的意思。

儒遊於方內，道遊於方外，儒家的道術，與道家的道術可以相忘，也可以共遊，〈齊物論〉平齊儒墨兩家的是非，給出「因是」而

「兩行」的多元價值；〈大宗師〉則給出儒道兩家道術可以相忘且並行的開放空間。原來儒墨兩家可以皆是而無非，儒道兩家也可以相忘而共遊，這是莊子立身在戰國時代中所開發出來之最高明的智慧與最開闊的心胸。

寓言最後，子貢說「敢問畸人」？他還是放不下那三位方外高人，是人間畸零人，特立獨行而自我放逐在人間理序之外，要安身立命於何方？孔子給出的回答在「畸於人而侔於天」，儘管異於人，卻同於天，從人間來看，似乎是悖離禮俗的小人，而從天道來看，卻是一位朗現天真的君子。人物活在人間，展開人生的行程，最後的價值依歸之所，就在天道自然。

友朋之道在無心的相與，也無心的相為，
既無心不執著，也就不成負累，
這樣才能長久的相互陪伴與支持。

II

在人間世逍遙

——讀莊子話人生

前言

引傳統進入現代，讓經典回歸生活的現代解讀

我講老莊超過四十年了，從民國六十一年在輔仁大學哲學系開講老莊到了今天，從未間斷。但我的老莊到了這兩年才寫出來，其他學者大多會趕在中壯年的階段就把書寫出來，這樣才可以生發自家的影響力，因為處在講學的高峰，活動力也最強，適時把自己的書推出來，在行銷方面被接受度也會高許多。我剛好相反，是在我退休的年齡才把書寫出來，一方面代表對自己負責，一方面也對先賢負責。

因為老子莊子這樣的經典是需要用一生去解讀、去感受、去感應、去體會、去體悟的。雖然我一路走來寫出不少老莊的論文，書也

出版了，但是一句一句去解讀老子跟莊子，要寫得出來老實說是比較艱難的，但卻是最實在的。對每一個字負責，通過歷代的註解，消化老莊專家的不同觀點，而給出現代意涵的解讀。

我的詮釋理念有二，一是「引傳統進入現代」，面對幾千年的傳統，我們一定要把傳統的經典引進現代來；二是「讓經典回歸生活」，它是傳統的經典，但不離現代的生活，所以解讀經典要與現代生活連結。假定我們沒有把傳統引入現代，也沒有讓經典回歸生活的話，那經書典籍是死的。關鍵在跟現代生活會有什麼關聯、有什麼意義？所以我的現代解讀可不是跳開兩千年來的學術文化傳統，僅以個人的體驗來解讀；畢竟其間經歷了幾千年的傳承，所以我才一邊開課講學，一邊自己來體會體悟，一直到退休年齡才寫出來。

我解讀的是莊子九大名篇，這是莊子的代表作。代表莊子思想的是內七篇，另外解讀外篇的〈秋水〉，與雜篇的〈天下〉。〈秋水〉被認定是文學藝術的瑰寶，而〈天下〉則是諸子百家的統貫終結之作。

在讀者的心目中，金庸武俠小說如同經典，倘若諸位讀我的書，會看到我老是用武俠小說的人物性格與故事情節，甚至雋永話語來回應當代，因為大家都有共同的閱讀，有共同的話題，就像《三國演義》或《紅樓夢》一樣，大家都是耳熟能詳，能夠展開對話。

解讀莊子九大名篇，每一段落我都標示綱目，因為莊子篇幅太長，不容易抓住要點。且大綱目之下又有小綱目，凸顯全篇的理論架構，段與段之間可以連接下來，不然的話，莊子長篇大論，讀到後面就忘記前面講些什麼，所以不容易讀。問題是它值得讀，它是文學的瑰寶，又是哲理的經典；莊子是大文豪又是一個大思想家，我們要把他的書，讀進我們的心中，既引傳統進入現代，又讓經典回歸生活。

人生當下即是，
所在皆是，
只要盡心用功，
就能給出自在的天空。

解消忙茫盲的生命病痛

物欲束縛讓我們忙碌不堪，
情意牽引讓我們茫然不定，
無法無天性靈封閉會讓我們盲昧不明，
身心靈三層次的生命病痛由是而生。

身心靈的生命病痛

流傳千年的莊子寓言都是很經典的故事，每一篇章或段落都很精采，都很有味道。我想先從忙茫盲的現代人生切入，來審視身、心、靈三層次的生命病痛。這個身心靈的區分，依學術範疇之自然科學、社會科學與人文學門的三分而來。人文不說是科學，而說是學門，因為那一套實驗問卷統計量化的研究方法，用在人文心靈上是不相應的。

依學術界域的三分來看，人有三個身分，第一個身分是「自然物」，這是形氣物欲的「身」；第二個身分，我們是一個「社會人」，在人際關係裡面，在群體社會展開一生的行程，承擔社會的責任，與事業的開展，彼此間有競爭與排名的壓力和挫折，這是心理反應的「心」；再來就是「人文心」的第三個身分，本來我們講心靈，這邊的「靈」才是代表我們傳統所講的心靈或性靈。「社會人」的「心」，與「人文心」的「靈」，當分屬不同的層次。今天所謂的「人文心」是人的生命主體，可以貞定方向，也開發動力，而「社會人」的「心」僅是面對挑戰的心理反應，在壓力之下承受挫折，很多負面的情緒會出來，帶來委屈難堪的嚴重傷痛。

我們關心現代人生，從身心靈的三個層次，可以從三方面來描繪：做一個自然物，我們是很「忙碌」的；身為社會人，處在人間的十字街頭，我們是「茫然」的；再就最上層的人文心靈來看，我們不免因痴迷熱狂而自我封閉，心不靈而「盲昧」。用忙、茫、盲三個字，來描述現代人生的病痛：自然物，我們忙碌，且忙碌到不堪的程度，不堪就是承受不了了，撐不下去了，太忙、太累了。而社會人的茫然，讓我們的人生落在一個不定的狀態，這個不定就是漂泊感，不由自主的在人世間流落，這叫茫然不定。從人文心的盲昧來說，心不能當家做主，看不到遠景，也給不出理想，心靈自我封限在盲昧不明的狀態。

忙、茫、盲的現代街頭

當前，忙茫盲的現代社會，引發了身心靈的生命病痛。自然物忙碌不堪，是因為物有物欲，物欲把我們綁住。在人跟人之間相處的社會人這邊，主要是情意的交流互動，但是，「情」會帶來情累，而且情累再轉成心結。人際關係所以會緊張，主要在爭高下，彼此間會傷感情，誤會難免，情累牽引轉成心結，心有萬萬情，也有千千結，心會糾纏打結。那從最高的性靈來說，我們是封閉的，天光不下照，心靈無光才會盲昧。物欲束縛讓我們忙碌不堪，情意牽引讓我們茫然不定，無法無天性靈封閉會讓我們盲昧不明，這就是身心靈三層次的生命病痛。

自然物「忙碌不堪」的病痛拖帶出來的後遺症就是，失眠跟厭食。二者本是生命的本能，人生只要吃得下、睡得著，存在就不會有問題。吾家女兒在讀國中、高中的階段，功課很累，回到家她躺下來小睡片刻，媽媽就念經，什麼回來不讀書，倒頭就睡，我立刻抗議說我們家女兒睡得著，就是人生的美好，還好她睡得著也吃得下。現代人的問題出在，竟然吃不下、睡不著，竟然失去了生物的本能，這是此「身」忙碌不堪的病痛。

而社會人心理「茫然不定」的副作用，則在躁鬱症，因為競爭太激烈了，而且變動太快，價值在轉換，那就衝擊我們對情境變動的心理適應，壓力太大了，要嘛就是憂鬱，要嘛就是躁鬱。鬱結在「躁」是為了要捍衛自己，逼自己變成超人，好像我什麼都不怕，什麼都不在乎，用自大來面對人世間的挑戰。另外一個鬱結在「憂」這一邊，他會想像大家都不喜歡自己，也看不起自己，嚴重的自卑感纏繞心頭，面對挑戰他選擇逃避，躁與憂各走極端。實則很自大的人本質上是很自卑的，他用自大來掩蓋自己的卑微，他心理不平衡，且感受屈辱與挫折，而以傲慢來壯大自己，這個就是躁鬱。

在人文心靈「盲昧不明」的這一方面，盲昧不明在性靈封閉，來自天理、天道的光下不來，心因執著而封閉，反而沉迷在神祕的靈異現象，不問蒼生問鬼神，求神問卜有如靈異團。這是什麼時代了，自然科學與社會科學的知識對於所有的困惑，都給出解決的方案，但是在最現代的社會，我們反而相信民俗信仰的靈異說法，又用了太多的心思，去尋求合乎自己想望的解釋。哲學就是用理性、用思想來解釋，而不往靈異神通尋求解答。假如我們能夠引傳統進入現代，且讓經典回歸生活，就可以面對忙茫盲的現代社會，而解消身心靈的生命病痛，我們用這三個層次來給出合理的解釋。

陽剛的宗教給出陽光，陰柔的宗教化解陰影

生命三層次的問題，看莊子會給我們如何的解答。莊子是通過道家智慧來面對問題，來解消問題，而不見得非用靈異的或神祕的方式來取得解釋不可。靈異跟神祕說的不是宗教信仰，宗教信仰不論佛弟

子或基督徒都有《佛經》、有《聖經》，《佛經》、《聖經》是跟我們的《道德經》、《南華真經》一樣的大系統，我們也可以通過《論語》跟《孟子》來解讀人生，此外絕對不要忘記，還有一部很重要的經，叫做《可蘭經》，因為你忘記的話，大事不妙，阿拉伯世界是很強悍的在捍衛他們的文化傳統。所以世界五大教，都要把經典引入現代，且讓經典回歸生活。

各大教都當該如此。只是老莊很特別，經典教義剛好在解消人世間的執迷跟壓力，全副生命都在這裡。佛門也可以，佛門講空，老莊講無，空跟無重在解消人生的負面；而基督教、回教跟儒家是比較正面的關懷與開拓，他們用積極的理想，上帝的愛啊，真主的愛啊，人性的愛啊，天理良心啦，去開創美好人生，很積極，很陽光。但是陽光總是會拖帶出陰影，做好人、做好事，且立志做大事，做第一等人，但是人間事不能夠盡如人意，正面的追尋會引生出負面的效應，當負面的情緒湧現，會形成對抗，正面陽剛的理想會承受很大的衝擊，生命會從高峰跌落深谷，帶來嚴重的生命傷痛。這三大教很陽光，很陽剛，佛跟道就比較陰柔，在陽剛的事業出了大挫折，一堆問題浮現的時候，佛門跟道家再挺身出來，化解你生命中的負面傷痛。

今天我們講老莊的智慧，都聚焦在這樣的思考跟觀點上。

自我有限而人間複雜的存在困局

人生在世，在面對人物的有限之外，又面對人間的複雜，涵養生命主體的靈動，尊重每一個人的不同，就可以轉有限而為無限，化複雜而為單純。

生有涯，知無涯的存在處境

莊子對人間世情的描述，最重要的就在「吾生也有涯，而知也無涯」這一句話，人生第一個問題在「生也有涯」；第二個問題在「知也無涯」。「吾生也有涯」，說此生有限，人的存在處境，是我們無限的「心」困在有限的「物」裡面，我們的心無限，情意理想無限，我們的愛無限，關懷無限，我們真的可以同時擁抱整個人間，我們關心全球人類，在生態環保的議題上，對所有弱勢的族群，包括那些寵物，有沒有得到應有的尊重，有沒有得到應有的照顧，我們的心是悲憫痛切的。

人生總是有遺憾的，因為我們希望全世界都美好，但是人生只走一回，每一個人只能過百年人生，這叫「有涯」，有涯就是有限。一天二十四小時，你能夠不睡眠嗎？能夠不休息嗎？當老師的可以完完全全奉獻自己，讓自己支撐不了也承受不住嗎？而孝敬父母也面對一樣的難題，今天的人都是一男一女恰恰好，甚至是一個不算少，等父母親一生病、一住院，整個壓力都在他們身上，既要工作養家，又要照顧小兒女，以前的人沒有問題啊，一家滿是孩子，像我們家，吾家媽媽生十一個，存活下來九個，所以他們兩位老人家在生病的時候，我們做兒子、媳婦的，還有女兒、女婿，加上孫兒女，這個大家庭就是一個生命共同體，支撐每一個人的成長與苦難。現在生命共同體解體了，以前我們還有一個人不親土親的鄉土，鄉土保護每一個小孩子長大，這個鄉土保護區現在也被汙染了，那樣可以接納每一個遊子隨時回來的鄉土，已然不存在了。

放下自己，跟自己和解

人生再怎麼苦，我們心靈上都要有一個寄託，有一個心靈的歸鄉，我們總是可以藏在那裡休養生息，但是現在心靈的歸鄉也告失落。不然的話，我們怎麼會忙茫盲？怎麼會如此不堪、不定且不明？

今天我們一定要同情自己，而且要跟自己和解，千萬不要對自己過度的責難。因為，我們這個身體是有限的，儘管心是無限，愛心無限、責任無限、理想無限，人為萬物之靈就要替天行道，現在講環境保育，維護生態平衡，為弱勢族群或是不會替自己爭取權益的飛禽走獸，我們就以萬物之「靈」的人文心來保護他們。有時候我們力有未逮，體能氣力是有限的，所以要承認自己有限，我們是一個「人物」的存在，既是自然物，又是社會人，如何界定人生？就是人物走入人間，去展開人生的行程。

人生在世，在面對人物的有限之外，又面對人間的複雜，吾生也有涯，承認自己的有限，要跟自己和解，放下自己，諒解自己，當然，也諒解我們的父母親，我們的兒女，我們的先生太太，因為他們也是有限的。

心知執著形成壓迫

再看「知也無涯」的「知」，不是指涉知識，儘管經典要引入現代，要回歸生活，但是，那個「知」可不是今天知識學問的意思，「知也無涯」不是說圖書館藏書無限。儒家講的「知」，是道德良知，天理良心一定知善知惡，不可能不知道，西方宗教傳統下可以這樣說：「主啊，赦免他們，因為他們所做的，他們自己不知道！」這樣的祈禱詞，在儒家文化氛圍中，不可能被接受。恐怕會被孟子責罵，怎麼不知道，良知是人人皆知，本來就知。

就道家來講，《老子》第二章講知善知美的「知」，「知」的主體是「心」，而「知」的本質是執著，美善是價值標準，我們的心會執著一套「美」跟「善」的價值標準；再進一步，我們會責求天下人要符合我的標準。把標準定在自己，是偏見；責求天下人符合我的標準，則是傲慢。各位好好想想，身為兒女的人有沒有用自己的標準等待父母要符合我們的標準？反之亦然，我們做父母的人，要問自己，是不是老用自己的標準去責求兒女要符合我們的標準？

事實上，父子母女在不同的世代成長，怎麼可能會有同樣的價值標準？所以，這個「知也無涯」的意涵就是你心知的執著太多，你想要的太多，可能對親人朋友形成壓迫。此生有限，我們總要走上人間街頭去結交朋友，雖然我們有限，但是我們可以擴展自己，以文會友，且以友輔仁，參加社團活動，可以分享友誼道義的美好，讓自己永遠不孤單。問題是，你走上街頭，街頭上什麼都有，你就會什麼都想要，這叫「知也無涯」。莊子告訴我們，此生如此有限，而你心裡面想要的又太多，這就是不可能的任務！

「以有涯隨無涯」的存在困局

莊子用一句話來描述人生的困局：「以有涯隨無涯。」「隨」是去追逐、追尋，無涯就像滾雪球一樣，越滾越大，永遠也停不下來。《莊子‧齊物論》的描述是「其行盡如馳」，大家每天都在路上奔馳，「莫之能止」，沒有人停得下來。為什麼沒有人停得下來？因為你停下來你就輸了。

每個人都不敢休閒，不敢放假，不敢入睡。吾家兒子國高中時深夜還坐在書桌前讀書，一兩點了，依舊屹立如山，我一個鐘頭去看他一次，怎麼坐得這麼挺直，走近一看，原來睡著了。我說，上床睡覺吧，都一點半了，不行，斷然拒絕，我說怎麼不行，你累了嘛，你明天還要上課，上課會沒有精神。他說不行，同學都還在唸，這已進入想像的層次，我說好，你把同學電話給我，我一家一家打電話去問看看，讓他明天被罵，把同學吵醒，正好大家一起起來讀書。君子以文會友，以友輔仁嘛，把同學喊起來，大家半夜一起讀書，這樣才公平。

人物有限而人間複雜

「知」進入想像的層次，會變成恐慌，所以不敢休假、不敢睡眠，這又是另一形態的「知也無涯」。而人生就是人物走在人間，有涯的人物去追逐無涯的人間，人間什麼都有，所以我們要當自己生命的主人，不要逛大街，勇闖精品店，最好直接回家。從校園教室出來，我都直接搭車回家，有時候校長會邀請同仁，晚上留下來嘛，參加某些人文活動，我還是選擇回家。我到百貨公司演講，主辦單位問王教授要不要參觀，我說不用了，告辭回家。因為街頭什麼都有，會牽動我的心，心知會起執著，你會被牽動，引發人為造作，而形成情累或心結。

所以生活要簡單，「吾生有涯」是人物的有限性，「知也無涯」是人間的複雜性。人物有限而人間複雜，所以做人很難。一樣的邀請，在取捨之間，你要答應哪一邊呢？是朋友嗎？是師生嗎？還是同鄉啊？人家的邀請，你接受這邊，拒絕另外一邊，你就得罪人。最簡單的例子是，一個男人最大的難題就在媽媽跟太太之間。一個是媽媽，一個是太太，而太太也是兒女的媽媽，媽媽最大，所以麻煩大了。媽媽對媽媽一樣偉大，婆媳問題讓一個大男人很難做人，甚至有人嚇得不敢回家，我跟他說你怎麼可以不回家呢？你才能夠化解啊，你是二者間的中介橋樑，你一定要得到太太的諒解，要得到媽媽的寬容，那婆媳之間的困擾就可以化解，不能老想逃避。

不在事實的不可能，而在價值的不值得

所以，有限的人物走在複雜的人間路上，這個叫「以有涯隨無涯」，莊子加了一句「殆已」的論斷。人生總會有問題，不要以為只有你有問題，大家問題都很大，「殆已」就是不可能的任務。你的時間如此有限，你想要的又那麼多，當然不可能完成，但是我要跟諸位

說，莊子的義理重點不在不可能，而在不值得。假定是值得的話，那麼我們可以像愚公移山一樣，我這一代移不完，我下一代接續，代代相傳，儒家不就是這樣嗎？文化傳統源遠流傳幾千年，總是世代傳承，只因為它值得，這一代沒有完成，下一代承接。所以，莊子說「殆已」，它不僅是事實的不可能，它更是價值的不值得。

你不要看人物有限，人生只有百年，但時時刻刻都是真的，諸位有沒有想過這個問題？屬於我的時間，分分秒秒都是真的，不管我是面對父母還是兒女、面對先生或太太、面對同學朋友，情意都是真的；而人間街頭的名利權勢，看似無限的痴迷熱狂，卻是假的，你怎麼可以用生命自我的真，去換取人間街頭的假。儒家講性善，道家講天真，就因為人性本善，所以我一生就要把「人性的善」實現出來；也因為天生本真，每一個人天生本來都是真的，像嬰兒般的天真，所以一生路上就要維護這個真。你怎麼會讓真的人生變成假的？那不是白走一趟、白忙一場？所以「以有涯隨無涯，殆已」，「殆已」就是終歸毀壞的意思，問題是毀壞不在它不可能，而在它根本就不值得。

逍遙遊轉有限而為無限

莊子認為從此生人物的有限，去追逐人間街頭的無限，問題在那個無限是假的，而有限卻是真的。內篇〈養生主〉，就在「靈」的層次說「生主」，生命主體在心，所以你要通過「生主」來解開人間的複雜跟人物的有限。我們要依據我們生命主體的虛靜觀照，去解消人間的複雜跟人物的有限。人物有限在物欲的束縛，與官能的拘限，我們養「生主」，涵養生命主體的靈動，它就不會自我禁閉，就不會是盲昧的。面對人文心可能盲昧而不明的生命病痛，你就要養這個「生主」。

人物有限怎麼辦？儘管此生僅有百年歲月，但是我們每天「逍遙遊」。老、中、少三代，每一個人逍遙遊，你可以在讀書中逍遙遊，也可以在工作中逍遙遊，更可以在退休的歲月逍遙遊，很多退休的人並不快樂，可見快樂不是天上掉下來的禮物，而是要用修養工夫去開發出來的。人物有限的出路就在逍遙遊，逍而後能遙，遙而後可遊，解消執著造作，生命無待於外，分分秒秒都轉化而成無限，這是品質問題，不是數量問題。分分秒秒逍遙遊，每一個剎那都可以成為永恆，因為它值得；分分秒秒自在，儘管處在有限的歲月，它也是值得的。所以，人物儘管有限，你可以尋求無限。無限在哪裡講，在品質上講，價值無限。我可以逍遙遊，此生不論少年、中年、老年，都逍遙遊，少年要成長，中年要創業，老年要休閒，人生三個階段，一家三代都逍遙遊。

尊重每一個人跟我們的不同

再說「知也無涯」，人間不是很複雜嗎？台灣的複雜就在藍綠二分，對岸還隔了一個台灣海峽，藍綠是沒有台灣海峽的，當然有濁水溪或是大甲溪的不同，還是分南北啊。事實上台灣沒有那麼多問題，那個是民主化運動長久積累下來的怨氣，事實上只要民主法治走上軌道，大家公平競爭，開放透明，我們都可以放下，跟自己和解，跟台灣鄉土和解，跟台北街頭和解，給一個和解的空間好不好！假如台北、北京可以和解，台灣本身反而不能和解，這不是很詭異嗎？台灣本身分裂怎麼可能跟對岸和解？先跟人物和解，承認自我是有限的，再跟人間街頭和解，接受天下是複雜的，所以要尊重每一個人跟我們的不同，在諒解包容中，形成共識。

道家的智慧教導我們，人家只是跟我們不同，不同的美、不同的善，人家不見得不對。因為我把美善的標準執定在自己的身上，發現人家跟我不同，就懷疑它不善不美。事實上，你沒有還原為不同的善、不同的美，只是不同的宗教信仰、不同的地方禮俗、不同的家族傳統、不同的成長背景，承認人家跟我們的不同，尊重人家跟我們的不同，就可以把複雜化為單純。

齊物論化複雜而為單純

複雜化為單純要怎麼化？就在齊物論。莊子第一篇不是〈逍遙遊〉，第二篇不是〈齊物論〉嗎？〈逍遙遊〉就是在解消人物的有限性，此生有限且百年大限，但是分分秒秒都是真的，值得我優遊其間。假定人生每一天都顛沛流離，每天都那麼辛苦，那麼哀傷，請問，你活了兩百歲，不是痛苦的延長嗎？可見，過一生歲月應該重在每分每秒的品質，讓它維持品質的無限。那就要真人講真話，流露真情，且讓真相大白，一切都是真的，絕對不容許假的，我們哪裡有那麼多時間去酬應那些虛假的人事物。

說齊物論可以化複雜為單純，那請問什麼叫物論？物論就是用哲學理論來解釋萬物的存在。就儒家講是人性本善，所以人是有榮耀、有尊嚴的存在，這就是合理的解釋人物的存在。道家說每一個人都天生本真，也合理的解釋人物的存在。哲學要合理的解釋人物與人間的存在，因為只有合理才存在，不合理就不存在。假定我覺得自己不對，就會吃不下、睡不著，你一定要心安理得，要理直氣壯，不然你睡不著、也吃不下，因為你覺得自己不合理。所以趕快道歉、趕快認錯、趕快悔過，這才是自救行動，不要讓心的不安感拖長，讓那個心裡面的壓力擴散，當下就把它解消。但是，問題是層出不窮的，像兩岸的政治體制不同，台灣藍綠的黨綱不同，立場路線不同，那就是「物論」的不齊。

物論平等，消弭紛爭

現在我們講齊物論，就要說各大教教義平等，佛弟子跟基督徒平等，教義平等，才可能信徒平等。假定是基督徒看不起佛弟子，或對儒家與道家的教義不以為然的話，那怎麼可能平等？未來人類的難題，很可能來自於宗教信仰的對抗。現在基督教世界跟阿拉伯集團的紛擾爭端，就在宗教信仰的歧異。〈齊物論〉是莊子最重要的一篇，「物論」從宗教信仰來說，就是宗教的教義，《聖經》、《可蘭經》、《道德經》，與《論語》、《佛經》平等。物論平齊世界情勢就不會那麼複雜。不然的話，宗教信仰是沒有人可以退讓，因為宗教講最高真理，怎麼可以退讓！上帝最高，真主也最高，那我怎麼可以退讓！每一家都認為自己是最高的真理，而懷疑對方不是正宗大教，就成為人間的大問題。

就人生來說的話，也要有齊物論的氣度。有的人看重知識，有的人看重生命，有的人很看重事業的版圖，有的人很看重人格的高度，每一個人有不同的人生觀，我們要給出平等的尊重，這樣的話人間就不會那麼複雜。最複雜就在意識形態，民進黨的意識形態、國民黨的意識形態，讓台北街頭與台灣鄉土顯得很複雜。物論平等，他們都有權力去講他們的黨綱，端看台灣人民如何選擇，由選票決定就好，這不是很單純嗎？幹嘛彼此之間罵了半天，且吵翻了天，讓選民來決定要哪一邊主政，就可以化複雜為單純。

要用「心」說話，別用「氣」說話

回到人生的存在處境呢？是無限的心落在有限的物，且要穿越複雜的人間。我們說要修成正果，就在情愛婚姻的理想追尋中，都要穿越人間的考驗。太多的男男女女擠在街頭，太多錯綜複雜的互動遇合，所以現代人的婚姻維繫不易。從人物來說的話，我們會對最愛的人說最氣的話，因為愛是通過氣表現的，最愛而以最氣的姿態出現，理由在對方承受得起。尤其兒女對父母講話，幾近不禮貌，全世界只有父母可以容忍他們講那樣的氣話，這一句話在外面講沒有人會理你，那就一個朋友都沒有。感情要通過人物的有限性，與人間的複雜性，人生路上有那麼多人，你有可能碰到一個更喜歡的人，所以我們就依倫理來把它定住。對最愛的人而生最大的氣，就要有修養工夫來解消。

所有的愛，要用你的「心」對他說話，不要用你的「氣」對他說話。在生氣的時候絕對不要多說，在平心靜氣時再跟父母子女或夫妻對話。兒女跟父母間講的氣話通通不算，那是撒嬌，實則他在氣自己，不能當真。你要用真心且貼心來講，要用無限的心來講，你不能夠用有限的氣來講，也不要讓人間的複雜來介入干擾。

以「物」的有限，遊出「心」的無限

人家只是跟我們不同，人家不一定不對。
心是虛的才能夠無限的包容，且心虛靜如鏡才能夠看到別人。
涵養心靈的沖虛，你才能夠理解對方，學習傾聽。

「乘物以遊心」的逍遙遊

人生的出路，莊子寫〈人間世〉，要我們「乘物以遊心」，也就是逍遙遊。事實上逍遙遊可以跟生命三個層次一一相應，人物要逍（消），人間能遙，人生則可遊。底下一句話「託不得已以養中」，這個「中」應當「沖」解，「沖」是沖虛，養生主就是要養「心」的沖虛。因為心是虛的才能夠無限的包容，且心虛靜如鏡才能夠看到別人。假定心裡面有執著，你就看不到別人，好惡太強的人，看不到別人，也容不下別人，你放下你的好惡，才會看到你的親人，包容你的朋友，虛靜心就像一面鏡子。因為鏡子沒有自己，所以鏡子可以照現每一個人。老子這樣說，莊子也這樣說。

乘「物」的什麼？即乘物的有限性；遊「心」的什麼？遊心的無限性。所以當在心靈找出路，不要在形氣找出路，人的形體本來就是有限的，生理官能欲求，生理官能會生病，中年之後官能會衰退。所以人生一定要在心靈找出路，聽音樂演奏、看藝術畫展、讀經典安頓生命、做慈善公益，人世間值得我們永恆追尋的就叫心靈的歸鄉。一定要找到心靈的歸鄉，那是價值的無限，落在人間的奔競爭逐何止複雜，更是紛擾，你擴展地盤，搶盡優勢，就會壓迫別人、傷害別人。大家往精神心靈的路上走，道路無限寬廣，大家一起形而上，也一體成全。沒有人要跟你搶著信基督，也沒有人跟你爭著當佛弟子，大家一起修行，大家一起證道，大家一起去活出心靈的無限性，所以說「乘物以遊心」，憑藉「物」的有限，遊出「心」的無限，這就是人生的出路，人人皆可逍遙遊。

「託不得已以養中」的齊物論

「託不得已」，端在人間的複雜。什麼叫「不得已」，說的是你不能讓它停下來，試問我們最大的不得已會是什麼？就是時間。青年朋友最了解，明天要期末考，今天時間照樣一分一秒過去，你沒辦法讓它不動，你讀不完，時間卻一直流逝。

「不得已」的「已」當「止」解，有時間就有變化，你不能讓社會停止不動，分分秒秒都在前進，都在變化。颱風來了下暴雨，你不能讓暴雨停下來，這就是「不得已」。人間世界有太多的不得已，我們就寄身在這不得已的人間，你不能讓它停格不動，「以養中」是養心靈的沖虛，讓自己心虛靜，不然你的心有太多紛擾，心頭亂紛紛，生命難以安頓。

〈人間世〉這兩句話：「乘物以遊心，託不得已以養中」，儘管人世間是那麼樣的紛擾，但我的心是平靜的，不是我們冷酷，而是化複雜為單純。心靈虛靜，不只解消紛擾，還可以看到真相，甚至可以排解無謂的糾紛，而給出每一個人活出自己的空間。我們現在就欠缺這樣的人，當藍綠對抗的時候，就沒有一個公正人士可以站出來講話，全部都捲入其中。實則我們大可以超離意識形態的尖銳對抗，意識形態等同自我禁閉，且是群體的禁閉。你要說服跟我們觀點不同的人，要尊重跟我們立場有異的人。

人家只是不同，不是不對

連報紙都分藍綠，我們家訂《聯合報》跟《中國時報》，是誰決定要訂哪一家報紙？吾家媽祖，兒女的媽媽叫媽祖。問題在，年輕世代就以不看來對抗，或者攜回《蘋果日報》跟《自由時報》，以求平衡。我處在兩端之間，這邊的不看那兩報，那邊的不看這兩報，那我就得四報都看，因為我要當橋樑啊。事實上，比較綠的人，應該看比較藍的報紙，比較藍的人，應該去看比較綠的報紙，因為這樣才可能知道對方在想什麼，我已經這麼藍，再看藍的報紙，藍上加藍，豈非多餘？我看不同的顏色的報紙，看另外一邊是怎麼思考問題的，才可能展開真正的對話。

如同先生為太太想，太太為先生想，先生不能只想先生自己，太太不能只想太太自己，那怎麼可能形成命運共同體，這就是「託不得已以養中」，因為你要養心靈的沖虛，才能夠理解對方，學習傾聽。人家只是跟我們不同，人家不一定不對。請諸位記住我這句話，不管在不同的宗教信仰，在不同的黨團流派之間，對應不同的禮俗與不同的傳統，我們永遠要這樣想，性別問題已成當代顯學，男女大不同，大男人主義的時代已然遠去，我們把男人的「大」解消，才會尊重女性的不同思維與價值取向。好好想，生我的是誰？我的媽媽，我最愛的是誰？我的女兒，你還會有大男人主義的偏執嗎？所以大男人主義在面對媽媽、面對女兒時，立刻消散，這就是涵養吾心的沖虛。

養「生主」的心，帶動人物遊人間

我們用生命三層次來理解問題，人生是出在人物的問題，還是人間的問題？人物的問題與人間的問題，重點都要靠最上層的人文心靈來養來遊，心靈的無限就在不得已的人間做涵養的工夫，且可以在物的有限中活出無限，所以關鍵就在「心」。養「生」之道在養「生主」，「生主」要連讀，此生命主體就是我們的心，我的生命誰來做主？我的心做主。千萬不要讓自己的物欲來做主。無限的心可以穿越複雜的人間，再解消人物的有限。人物是有限的，人間是複雜的，你要用無限的心，把有限的化成無限，又把複雜的轉為單純。原來人間可以轉單純，人物也可以轉無限，關鍵就在無限的「心」。

生命主體在無限的心，剛剛不是講逍遙遊嗎？「逍」在自然物的層次，「遙」在社會人的層次，「遊」在人文心的層次。「心」做主引人物遊人間。

無心無知無為無用給出美感空間

「物論」是人間社會各種不同的詮釋系統，不同的理論建構，與不同的價值觀，「齊」在「人文心」的解消執著與分別，逍遙遊與齊物論分別講三層次，人物的有限性，要解「逍」人的形氣物欲；人間的複雜性，要平「齊」「物論」的分歧。物欲解消，物論平齊，人物可以釋放，人間可以寬廣，是為「遙」，有限轉無限，複雜歸單純，那就無入而不自得，隨時可遊，也隨處可遊了。

我們正在解讀《莊子》，因為每一代的中國人都讀莊子，第一流的詩人、畫家都讀莊子，包括書法家，董陽孜書法展找兩位學者寫出〈老莊說書〉來做詮釋。本來老莊不是為藝術文學而寫，但是給出藝術文學的空間，情意美感的空間，它不是為書法、繪畫或音樂而寫，但幾千年傳統，藝術美感的世界是老莊開發出來的。「逍」在下層，指涉的是人物，要解消人物的有限性，不要被物欲綁住，被物欲禁閉；「遙」就在「心知」的層次，不要起執著，你不要把價值標準執定在自己的身上，且要求別人要合乎我的價值標準，而引來天下人的反感與抗拒，這個社會就變得緊張而複雜。無心無知，無為無事，無用無欲，有如「偷得浮生半日閒」跟「將謂偷閒學少年」，不是偷來閒情，而是心的「無」給出的美感空間，超離在道德、知識與實用之上，無心無知，又無為無用，人間事物當下朗現了自在的美感。

解消心知執著，天地無限寬廣

本來你走你的路，我走我的路，你活出你的內涵，我活出我的內涵，何等簡單，這叫「道可道，非常道；名可名，非常名」。可道、可名就是要求別人走我的路，要求別人符合我的價值標準；什麼叫常道、常名？你不執著，無分別，讓每一個人去走他自己想走的人生道路，讓每一個人去活出他自己想要的價值內涵。放開嘛，讓兒女活出他自己，讓學生活出他自己，讓先生太太活出他自己，讓朋友活出他自己，不要把家人綁住，把友朋套牢。現在年輕朋友幾乎不願意走向婚姻，因為婚姻通過法律來制約，通過社會體制來認定，你看布裘戀，他們最近在歐洲結婚，兩大明星不是聽兒子的話嗎？兒子要求爸爸媽媽要結婚，不然他就沒有身分，他會來歷不明，那我到底是誰？所以那個小男生，八歲的小男生要求爸爸媽媽要結婚，他們就去找一個法律效力規範不到他們的地方結婚，合乎兒女的標準，而避開人間的複雜，假設哪一天婚姻發生問題，那只是兩個人之間的事，不牽涉法律權益的複雜性。

所以你解消心知的執著，天地就可以無限寬廣，是什麼讓人世間變得狹窄？就是執著太多，每一個人都用自己的標準去責求對方，所以互相給出壓力。現在我們都放下來，我齊物論了，我也逍遙遊了。誰都不妨礙誰，誰都不壓迫誰，既解消人物的有限性，又解消人間的複雜性，人物的有限性是通過心知執著帶出來的，心知不執著怎麼會有限？物本來是實然的存在嘛，形氣物欲一樣過日子嘛，有時候跟學生好久沒見面，他們來看老師時我就跟他們講好好過日子，以前給他們很多壓力，現在不指導論文了，純然是朋友，只關心他們活得好不好，學生說自己沒有什麼成就，不好意思來看老師，我說，成就不重要，活得好才重要，你有沒有好好過日子？家常日常本來就天大地大。

「物論」是世界觀與人生觀

逍遙遊分屬三個層次，齊物論也是分屬三個層次，人物是在物論底下的存在，是在基督教義底下的基督徒，是在佛教教義底下的佛弟子，是在民間信仰底下的鄉土人。台灣人大部分都是民間信仰，我拜我媽媽拜的，我相信人死後在另外一個地方跟親人重聚。此所以有一天我們離開人世間，要到另外一個世界去找尋跟我們失散的父母親，我們重新把他找回來，我們跟祖宗在另外一個世界團聚。由此看來，清明節對我們來說比春節還重大，春節只是活著的人團聚，清明節則是跟死去的祖宗在一起。

這樣的觀點就是物論，形成我們的世界觀、人生觀，我們就活在這樣的世界觀、人生觀裡面，我知道我是誰，我想要什麼，我要往何處去，你知道你是誰，你想要什麼，你要往何處去，人文心就不會盲昧不明，社會人就不會茫然不定，自然物就不會忙碌不堪，為什麼？因為值得啊，我辛苦但是為了我所愛的家人。

齊「物」之道在齊「物論」

你要齊「物」嗎？要先齊「物論」，那個很重大。今天講民主法治的價值，這一點我們不能退讓，大陸要跟我們一樣，我們才可能跟他們做一家人，你那一邊要往民主法治、自由人權走，台灣不能倒退回去，說台灣的前途由台灣人自己決定，那是價值上的抉擇。不同的體制、不同的生活方式，來自不同的物論，當前兩岸要齊，「齊」就是我尊重你，我等你改革，等你跟我們一樣的時候就沒有什麼隔閡。

每一回去大陸開學術會議，他們都說寄望台灣同胞，我說不是，是我們寄望大陸同胞，你們要快速趕上來，因為台灣的民主法治不可能倒退回去，我們等你們追上來，再做一家人。自由、人權也是不能倒退的，我在《聯合報》曾經寫過一篇〈我們是民主先進的國家，我們不必逃〉的文章，因為我們是對的，不對的人才逃，怎麼是對的人在逃？這還有天理嗎？

用「心」來齊「物論」

所以，齊「物論」，用「心」來齊，心裡面有親人朋友，儘管有不同的觀點，不同的立場，我都可以齊。所以先生太太間也可以有不同的政黨，也可以有不同的信仰啊，你要尊重，互相給空間，我們的心互相包容，就可以平齊在不同「物論」之下的不同觀點。

吾家兒女跟媽媽說道理，爸爸都不說，爸爸敢說嗎？那個人叫媽祖吔！爸爸兩邊都用心來「齊」，我愛兒女，也尊重太太，我們一家人四個成員，本來是很簡單的，外加一隻貓，與貓相處也帶出不同的態度，我跟女兒比較親近，另外兩個差一點。所以有時候對貓的關懷或講話的語氣也大有分別，我老是說貓還沒有喝水，貓還沒有吃飼料，吾家女主人就說人都沒有照顧，老是講到貓！這叫齊物論啊。因為我們是萬物之靈，要替天行道照顧萬物，貓不能照顧自己，人會照顧自己，不是我們不愛親人，反而比較愛貓，而是因為貓不會照顧牠自己。這個叫最高的人文心靈，上帝就是在那邊，佛陀也在那邊，真主也在那邊，我們用無限的「心」先齊「物論」，再去齊「物」。你齊「物論」人間就不會複雜，你齊「物」人物就不會有限，我們就可以「乘物以遊心，託不得已以養中」。

虛而待物，活出自己

在承擔的每一步放下，
承擔才不會變成負累，也不會壓迫別人。
心要虛，才能照物，
人我之間，心「虛」了，就會相互給出包容的空間。

救人等同災人

〈人間世〉有一段寓言，寫顏回跟孔子辭行，孔子問他你要去哪裡，他說我要到衛國去救人，因為我是孔門弟子，孔門等同醫門。而「醫門多疾」，眾多病人前來求診，醫師治病不就是柯文哲嗎？柯文哲要救人，他要救台北市。顏回說老師教我們要治國平天下，現在衛國政局不穩定，我想去救人。孔子就答一句，你此去很難全身而退，因為想去救人的人，就有優越感，救人的人都會自視甚高，而被救的人相對顯得很卑微，所以你要去救衛國，你一出發就得罪了衛國君臣上下的每一個人，我們國家靠你來救，那我們算什麼？

所以，莊子說想去救人的人扮演的是「災人」的角色。不要忘記喔，要救同學朋友，要救學生，或救什麼社會的弱勢族群，千萬不要擺出一副救世主的姿態，你還沒有救他，已經先得罪他了。因為你認定他很可憐，他活不好，他不能照顧自己，所以還沒有救他之前，已經先傷害他。你既然傷害我、看不起我在先，為了跟你取得平衡，就要為自己平反，你說我數學考三十嗎？我就說你國文只有二十，一定會有「人必反災之」的反應。所以救人的人是帶來災難的人，而「災人者」，人家一定以等同的災難，回報到你的身上。

此所以參加競選的人一定要卑微，不要擺出救台灣或救台北的高姿態，我們只是尊重台北市每一個人的意願，尊重台灣人每一個人的意願，我們要讓每一個人活得有尊嚴，依國家體制編預算，公平的來維繫每一個人生活的福祉。你只能這樣說，不能再多講。你一定要有道家智慧，很多人一講話就出錯，所以救人是災人。救人反成災人，最大的問題在人有形氣物欲。我們對最愛的人，生最大的氣，我們通過氣來表現愛，氣有氣勢，而氣勢最好不要太強，姿態不要太高。莊子的寓言故事，請孔子跟顏回來當主角，對話中流露出來的思想還是莊子自己的思想，不要讀了《莊子》之後，去質疑《論語》的說法。

跟他的「心」同在，跟他的「氣」同行

孔子跟顏回說，你最大的問題是「未達人心」，「未達人氣」。因為孔子問顏回你憑藉什麼要去救人，他就說，我「端而虛，勉而一」，或「內直，外曲與成而上比」，「虛」「一」合乎道的性格，「端」跟「勉」則落在有心有為了。「內直」是純任天真，「外曲」是委婉不傷人，「成而上比」是依古人教言，這樣講真話也不會得罪人，既內直又外曲，且成而上比。顏回一套一套的講，孔子都說「惡可」？意謂還不可以，你這樣講，人家還是不能接受，因為你要說服衛國君王接受你的觀點，改變他領導國家與對待人民的態度。這就像我們寄望通過我們的理解、理念來和平轉移對岸一樣，實則我們要尊重對岸，通過道家的智慧，不見得台北都對，北京都不對。

有一個大陸學者對我說，大陸不適合民主，國家太大，人口太多，光計票都很難。我說不會啊，現在是什麼時代了，台灣下午五點

開票，七點不到結果就出來了，通過電腦計票、通過網路傳輸，新疆、西藏的票數都可以匯整到北京，怎麼會有困難？他又說你們不要逼大陸改變，我們哪敢逼，我們是善意的建議，覺得台灣這樣走過來很好，我們希望大陸走對路而已。

孔子告訴顏回，「未達人氣」，是說你的氣在他的氣之外；「未達人心」，是說你的心在他的心之外。諸位，我們都要跟著兒女的感覺走，跟著學生的感覺走，或者是，跟著父母親的感覺走，跟著老師的感覺走，你的氣要跟他的氣同行，你的心要跟他的心同在，心跟心連在一起叫貼心，那氣跟氣貼在一起叫體貼，我們又要體貼又要貼心，心同在氣同行。所有夫妻請記住我的話，永遠跟對方的心同在，跟對方的氣同行，這樣叫「達」，他的事就是你的事，你的事就是他的事，彼此沒有分別，就不會對抗。你在他之外說他不對，那叫構成傷害。

一路陪伴，感同身受

依我在大學教書的經驗，學生問我問題，不管是要不要考研究所的課業問題，還是男女交朋友的感情問題，我就請他坐下，他一說，我就回到我的大三大四，或者是我研究生的年代，那個時候的我，碰到這樣的問題，是怎麼走過來的，我不能教導他，我只能講我過來人的經驗，沒有訓話喔，他的苦就是我的苦，絕對不要他一說話你就加以批判，說你這個學生怎麼頭腦不清楚，或沒有志氣，不可以這樣說，僅能感同身受，跟他的氣同行，也跟他的心同在，他的困惑就是我的困惑，他的淚水就是我的淚水，讓自己回到跟他同樣的年齡，同樣的感受，同樣的處境，同樣的艱難，這叫達人心、達人氣。你未達，你在他的生命之外，在他的感覺之外，在他的心靈之外，所有的好意都變成壞意。

你一定要達，達就是一定要無掉自己。要在心上做工夫，叫「心齋」。顏回還開玩笑的說，那還不容易嗎？我家很窮，何止三個月不知肉味，所以我很齋。孔子說那是吃素的齋，這邊是心靈的齋，心靈做齋戒，就是心要虛。託不得已以養中，那個「中」是沖虛，心沖虛就是做心齋的工夫，心靈做齋戒，讓心空出來，你沒有心知的執著，沒有人為的造作，你就會跟他的心同在，跟他的氣同行。沒有自己非怎麼樣不可的執著與造作，做父母、當老師怎麼可以只管自己想要什麼，而不為對方想。你不能發表宣言，或者昭告天下，說我已經決定要怎麼做了。本來，人我相對，所有的事情當該兩個人共同決定，結婚那天，最重要的誓言就是此後我們之間的任何事，由兩個人共同決定，夫妻生兒育女，家裡面的大小事，也共同承擔。

我們家是公寓，沒有電梯，吾家岳母住在我家，她一百零一歲，家在三樓，上下樓梯，老人家爬得很辛苦，就想，該去找一間有電梯的大廈，探問的結果真的好貴啊，吾家太座問我意思如何，我說去問他們兩個，也就是吾家兒女。做媽媽的說錢是我們出的，幹嘛還問他們兩個啊？我說他們兩個將來住的時間比我們長，所以，理當兩代共同決定。讀了老莊之後，讓我的法家性格逐步放開，我在高中時候的性向測驗，是絕對的政治型，我現在跟政治卻離得很遠。人我之間，心「虛」了，就會相互給出包容的空間。

「道」是生成原理

王金平院長是我師大的同學，一起入選網球校隊，馬王政爭的時候，他請我去他家，跟他的幕僚團、律師團講話，我還是講道家。「道」是生成原理，不管怎麼樣，你總是要生成台灣，生成台灣這塊土地，生成這塊土地上的每一個人。這不是立法院跟總統府的問題，是台灣人的「道」在哪裡的問題，要用這樣的心態來思考跟評估。他很有修養，他沒有說一句生氣的話，我是他的老同學，什麼話都可以說，他卻沒有任何抱怨與責難，他只跟我講一句，「馬ㄟ就是這款人啦」，馬先生就是這樣的人，他的行事風格就是這樣，這句話藏有諒解跟包容，我肯定王院長，他真的很金很平，那我呢？我很邦很雄，但是英雄氣已透過老莊化掉了，西螺七崁的武術志在保衛鄉土，也就是儒家的治國、平天下，現在的我卻只管吾家那隻貓，還有講我的老莊，把老莊帶給當代人。少有人會用四十年來解讀一兩部經典，我可以跟大家分享的心得是，在一生行程中擁有老莊的智慧，能面對人生所有的難題，人物有限的問題與人間複雜的問題。

癥結在未達人心、未達人氣，要如何達？心做齋戒的工夫，莊子說「虛而待物者也」，「待」你不要以為是對等的待喔，現代人都落在對待關係中，你對我好，我才對你好。莊子講的「虛而待」，就是無待，用「無待」來界定逍遙遊，我可以不要名，不要利，你可以走開，你一走開，就沒事了。有待就是被你一直痴心等待的那個情事物綁住，無待就是鬆綁，我回歸我自己，就可以自在自得，我活在我自己叫自在，我活出我自己叫自得，也就是老子說的常道常名，我走出我自己想走的道路，我活出我自己想要的內涵。人生最大的苦跟累就在等待，等待人家對我好，等待放假，等待退休，等到年華老去。人生的分分秒秒，你可以告訴自己，我不要了，我不等了，便立刻得救。

在「看」他的同時「生」他

深進一層說，「虛而待物」實則是虛而「生」物，鏡子不是虛的嗎？鏡子沒有自己才能照現人世間所有的人，還每一個人的本來面目。我們在人間街頭，人家會用勢利眼來鄙視我們，但鏡子不會，永遠還給我們公道公平，我在人間街頭受了委屈，回到家裡面照鏡子，把失落的自己照現回來，所以虛而「待」物，等同虛而「照」物，觀照的照，佛門講觀照，道家也講觀照，像鏡子一樣的看到，鏡子「看到」一人等同「生」那個人，鏡子「看到」物等同「生」那個物。人間兒女永遠在父母的眼神中獲得重生、再生，爸爸媽媽眼神中閃現的愛，是一生幸福的最大保證。

所以愛不是用山盟海誓來保證，而是用你的心在「看」他的同時「生」他。情人眼裡出西施，一切的言語都是多餘的，雙方的眼神一閃現，愛就在那裡美好，愛就在那裡永恆。不要有自我的執著，反而要放下自己，心要虛，才能照物，而「照」物就等同「生」物，在看到他的同時已生了他，情人朋友要對看，夫妻更要對看，不能老忙自己的事情，太太可就在你面前吔。有位畫家告訴我，兩夫妻一大早相對而坐用早餐，都用報紙遮住自己的臉，互相看不到對方。畫家說，我不忍心讓先生看到我的臉，因為我老了，我立刻補一句，他也老了，兩個人一起在歲月中老去，所以說白頭偕老，這也是很美好的人生風景啊！人怎麼可能不老，大家一起老，老就不是問題，而是有沒有互相看到對方，相知相惜，心中永遠有你，眼中永遠照現你。

「虛而待物」可以照現台灣鄉土，照現台灣這塊土地上的每一個人。所以，意識形態不是那麼重要，要為整體台灣人的前景思考，為整體台灣人的未來打拚，而不是為我自己的名利權勢籌謀，為某一個意識形態算計，要有道家放下的智慧。有了道家「虛而待物」的心齋修養，台灣就此不一樣，兩岸也就此大不同，全球的生態環保會得到更多的關注，大家把自己放下來，把功利實效、把經濟成長的狂熱痴迷解消，為我們的兒孫保有一塊可以活下去的乾淨土，這比什麼都重大。

「心」做齋戒工夫，活出無限與純真

複雜可以單純，有限可以無限，而整個寄望就在你的「心」，要養「生主」，要「心齋」。所以我認為道家的智慧可以陪我們走過現代的人間街頭。在我的鄉土，在我的國度，活出心靈的無限與生命的純真，大家一起無限一起純真。

以前在一女中教書的時候，學生們到了高三，大家面對聯考的壓力，緊張氣息瀰漫在整個校園裡面，因為最大的競爭對手都坐在自己的旁邊。所以我就跟她們說，我們一起考上台大，就不會把身邊的同學看做是自己最大的威脅。

記得我還在博士班就讀時，已經開始在輔仁哲學系兼課了，方東美教授也在系上講課，搭校車時我常陪老人家坐在一起，我聽了他三年半的課，我上前兩節，後兩節就陪學生聽他的課，因為我上的是師大，一心想彌補我沒有唸台大的不足。有一回跟方老師聊起來，他說聯考都考不出程度，最好的學生不一定上台大。我接他的話說，方老師，我喜歡聯考考不準，因為這樣好學生才會考進文化，我自己就是唸文化的碩士博士，且在哲學系所擔任教職，你知道我為什麼這樣說了吧，這就是齊物論精神的體現。我在中央大學教書的時候，校長鼓勵一些比較年輕、沒有博士學位的老師去進修，有一位中文系的老師考上文化大學的博士班，他申請減課優待，校評會中就有人說，文化大學有什麼好唸的，你知道中央大學的教授大多是國外的博士，相對之下文化大學就被比下去了，座中有人插一句話：「那王邦雄教授呢？」那個人就說不下去了，這叫化複雜為單純。文化又怎麼樣？文化不是最根本的嗎？我們還有文化部吔！請你齊物論嘛，給每一個人空間嘛，不要讓出身文化大學的學者就覺得自己像後段班一樣矮了一截，看你怎麼讀嘛，這就是轉有限而為無限。

把美好還給每一個人

人生當下即是，所在皆是，任何時段，任何地點，任何處境，任何困局，只要我盡心用功就能給出自在的天空，把美好還給我們身邊的每一個人，還給他們一個公道。他有權利好好過一生，活出他一生的美好，把美好還給百姓、兒女跟學生，讓他們「然」從自己來，這叫「道法自然」。在道家「無」的智慧之外，也可以是儒家的理念、基督的教義、真主阿拉的教義，或佛陀的教義。老莊的智慧，都呼應儒家的理想，我們有幾千年的文化傳統，我們的心一半是儒家，一半是道家，儒家要我們承擔，道家教我們放下，我在承擔的每一步放下，承擔才不會變成負累，也不會壓迫別人。解消執著與負累，體貼每一個人，也體諒我們自己。

台灣人很辛苦，面對這麼大的中國大陸，南韓、北韓一樣大，台灣跟大陸則不成比例。所以，給自己一個公平的機會，給台灣一個應有的評價，逍遙遊加上齊物論，還要養生主加上人間世，我們並沒有輸掉，儘管四小龍的排名我們下降，但是我們的處境特別。兩岸是複雜的，台灣面對的壓力是很龐大的，所以我們要突破有限性，且穿越複雜性，活出心靈的無限、生命的無限。

人生最大的苦跟累
就在等待，
等待人家對我好，
等到年華老去，
當你不等了，
便立刻得救。

在虛靜觀照中照現真實美好

透過太上老君的眼光來觀看世界的真相，
這樣的眼光，會讓世界開闊、讓人生豁達，
這樣的眼光，會為我們開拓一條活出人生美好的道路。

與古聖先賢照面對話

藉由閱讀千古名著，我們可以回到兩千多年前跟古聖先賢對話，是何等令人感動的事，當我們一邊讀《老子》、《莊子》，可以用我們的生命體驗去印證哲理，甚至跨越幾千年的時光隧道與這些先賢照面，而有一精神的交會。有人說我們現今這個社會，人與人要面對面溝通尚且不易，又怎麼能夠跨越時空去跟前人感應、會通呢？

事實上那是因為我們欠缺共同的文化心靈，假定大家都講《老子》、《莊子》、《荀子》、《韓非子》，甚至讀《論語》、《孟子》、《墨子》這些經典鉅著，那麼我想不管是台灣南北的差異、東西部的距離都會因此而縮小，兩岸也是一樣，只要能體現文化傳統的「道」，那麼人與人之間、鄉土乃至家國天下，都不會有那麼大的距離和歧異。所以讀古書不止可以拉近人跟人的距離，更可以突破時間的藩籬，藉由讀古人書、與古人對話，把古人的智慧帶入今天的人間社會。

用經典的眼光「觀」世界

不管是宗教信仰還是哲學思想，都有一種感動人、教化人的功能，可以深入每一個人的心中；也都一定會給我們一個「觀」，所謂的「觀」就是「觀看」，站在一個觀點、角度與立場去看。

事實上當我們去讀《老子》、《莊子》，就成為老子、莊子的追隨者，去接受老子、莊子的教化，老莊跟儒家思想有一點分異，卻是一樣的經典，今天我們稱孔夫子為「至聖先師」，稱老子為「太上老君」，至聖對太上、先師對老君，都是最高的禮敬稱呼，所以在我們的歷史文化傳統中，他們兩位是同步並行的。在我們心中一半是儒家的理想，一半是道家的智慧，我們依據兩大教的理想和智慧，開創幾千年的歷史文化，這在全世界是獨一無二的。

所謂「觀點」，或者說是「眼光」，你有沒有那個眼光？一般時候我們會說：你戴著什麼樣的眼鏡去看事情？那就是「有色眼鏡」，或說是「灰色眼鏡」，如果你戴著灰色的眼鏡看人生，人生當然就變成灰色的；當我們戴著有色的眼鏡來觀看世界，因為視線經過眼鏡的染色，它就不再是原來現象的自身。

「觀」哲學的意涵就是「觀照」，老莊講觀照，佛陀也講觀照，而觀照還有一種獨特的民俗意義——「觀落陰」。身為台灣人一定知道什麼是觀落陰，我以它為例，為「觀」做一個簡易的說明，就是這個「觀」可以突破人我之間的藩籬和隔閡，甚至可以突破陰陽兩界，通過這個「觀」可以跨越陰陽兩界去和過世的親人說話。

心知執著，咫尺天涯；虛靜觀照，天涯咫尺

這個「觀」簡單來說就是「看到」，台灣國語有句「有看沒有到」，用眼睛看，而沒有用心看的意思，看了卻沒有到，徒具形式而已。當我們每天在同一個屋簷下生活，兒女是否有真正看到年邁的雙

親？先生是否有看到太太？家庭是人際關係的根本，這是儒家所說的「天倫」，父子家人、兄弟姐妹乃至夫妻、情人間，大家是否有互相看到對方呢？每個人都懷抱著心事，每個人心有千千結，結纏得那麼深，是因為相互沒有看到對方，以致於產生誤解。因為我們用了太多的心思在外面那個紛擾的世界，反而忽略了最重要的親情，明明近在眼前，卻仿若有道牆隔絕在彼此之間，最後咫尺成了天涯。

因此，道家的這個「觀」、佛家的這個「觀」，都要先思索「咫尺天涯」這句話，距離我們最遙遠的那個人，透過「觀」也可以給出關懷，哪怕是全球性的災難也一樣，因為我們都有惻隱之心，不管他們是來自世界哪個角落，阿拉伯世界也好、中南美洲也罷，他們的災難都是我們的傷痛，當我們得知的那一刻，都是感同身受，這正是因為「觀」的妙用讓天涯轉成咫尺，不必經過任何中間的媒介，我們就可以直接看到了。

所以這個「觀」就是給一個眼光，而且是非世俗眼光，不帶有任何利害關係。我們對人間最大的批判就是「勢利眼」，以名利權勢的眼光看人叫「勢利眼」。「勢利眼」破壞了親情、友誼及至道義，為了權勢、為了名利去出賣朋友、甚至親人，這是人世間最叫人傷感的，所以現在事業有成的企業家、夫人，走向佛門，戴著師父的眼鏡，通過證嚴法師、聖嚴法師的眼光看人生，就可以扭轉原本狹隘的視野。因此當我們去讀《老子》、《莊子》，就是以太上老君跟南華真人的眼光去看世界，讀《論語》、《孟子》，就是通過孔子、孟子的眼光來看世界，這個世界必然不一樣，這就是「世界觀」；而用太上老君、至聖先師的眼光來看人生，那就是「人生觀」。

觀世音也觀自在，就是世界觀人生觀

「世界觀」與「人生觀」是人生中最重要的兩大觀點，佛門的觀世音就是世界觀，觀自在是人生觀。我們生在天地間、人世間，怎麼可以沒有「世界觀」與「人生觀」呢？就好像我們和父母、兄弟、兒女生活在同一個屋簷下，怎麼可以冷漠以對，不以真心看對方呢？當你活在這個世界卻看不到世界、在人生的行旅中卻看不見人生，那意味著你的人生出了大問題。所以不管是通過儒家、道家、佛教、基督教或回教的各大教的經典閱讀，當你依據《論語》、《孟子》、《老子》、《莊子》、《佛經》、《聖經》、《可蘭經》……來解讀人生，你就會擁有活出一生的「人生觀」，用經典來看世界，你就會擁有關懷全球的「世界觀」。

我對台南懷有很深的感情，因為我人生最重要、最美好的青年階段就是在台南度過的。我認為台灣文化古蹟中最重要的就是孔廟，很多人常常會抱著一種想法：「有空時我再去走走」，通常抱著這個想法的人，永遠不會進入孔廟。我曾在台南師範學校就學，還是第一屆的南師傑出校友，因此對台南這塊土地格外有認同感，當時是民國四十八年，轉眼一過就半世紀了。年輕時我懷抱著青春浪漫的情思，就在台南逐夢，曾在報紙上寫過一篇〈走回心靈的鄉土〉的文章，青春情懷、錦繡年華，無限的想望與無限的願景都在那時展開。所以在那個時代，我們年輕人是有「觀」的，對於未來遠景充滿了想望，現在的年輕朋友都失去了理想，他們過度提早世俗化，失去了最基本的夢想，沒有了世界觀與人生觀，他們以為只要上網什麼都可以看到，其實是什麼都看不到，真的是有看沒有到。

用天眼道眼看世界

我們今天講的「觀」，不是用肉眼來看世界。透過肉眼來看世界，難免會過於短視、失去深謀遠慮；而用心眼看世界則會容易流於小心眼、死心眼，加起來就是勢利眼，會把世界看小了，把人生看死了。所以肉眼去看世界會有誤差，用心眼看世界則會有勢利眼，導致中年危機、婚姻危機、家庭危機，要避免中年危機、婚姻危機、家庭危機，我們要用天眼看世界，這樣才能保住天倫，避免一家人離散。因此今天我們要講「觀」，道家的「觀」、哲學家的「觀」、宗教家的「觀」，透過至聖先師的眼光、透過太上老君的眼光來觀看世界的真相，做一個世界中的真人，真人無心自在，在虛靜觀照中照現人生的真情，與人間的真相。

當我們去醫院育嬰室看那些初生的嬰孩，他們臉上的神情流露天真，也充滿了希望。人生有希望，這個世界是美好的，那為什麼成長會失去一切？我們在人生的路上開始不講真話、隱藏真情，以為講真話、流露真情會成為自己的弱點，我們要保護自己不讓對方知道我們的真心，甚至在情人間、夫妻間也是一樣，我們怯於把我們內在的愛跟對方表白，好像我們一表白愛就把自己置於挫敗之地；明明愛是榮耀、愛是美好，從何時起愛變得如此的曲折乃至最終流失？每個人心中都有情愛，為了不受到傷害，所以我們不愛。

透過「觀」把失落的真情找回來

但這個世界沒有了愛就荒寂一片，人生沒有了愛就失去了內涵，所以我們透過「觀」，把世界、人生中失落的真相真情直接觀照回來，不經過其他媒介，也沒有利害關係，為人夫直接看見了妻子，為人父母也真正看見了子女，不再是只看見他們的成績與排名。

年輕時候我從師範畢業後在家鄉國小教書，師大畢業又回家鄉中學教書，每次考完試發放考卷時，我都根據成績高下作為考卷發放順序，發放到最後幾位學生的考卷，就直接丟在地上叫他們自己撿，那時我還沒有讀老莊、也沒有用心讀孔孟，所以欠缺一個「觀」，完全用分數來評量學生。在這個人世間，父母親希望兒女超越他，老師希望學生超越他，而他們是兒女與學生在這個世界上最親近的人，卻連這兩個地方都得不到肯定，你叫學生與兒女如何不失落自我，如何能保有天真？所以我們要把觀照的眼光找回來，把來自幾千年文化傳統的經典，把流露真情的眼光找回來，讓假的變成真的，讓天涯變成咫尺，把失落的世界與人生找回來，這個就要透過「觀」。

「觀」就是觀照，「照」就是照現，一眼就能看見，用至聖先師的天眼、用太上老君的道眼看人間，就能直接看見。所以我們要解讀人生，首先就要能「看見」，而透過這樣的眼光，會讓世界開闊、讓人生豁達，而這樣的眼光，就會為我們開拓一條活出人生美好的道路。

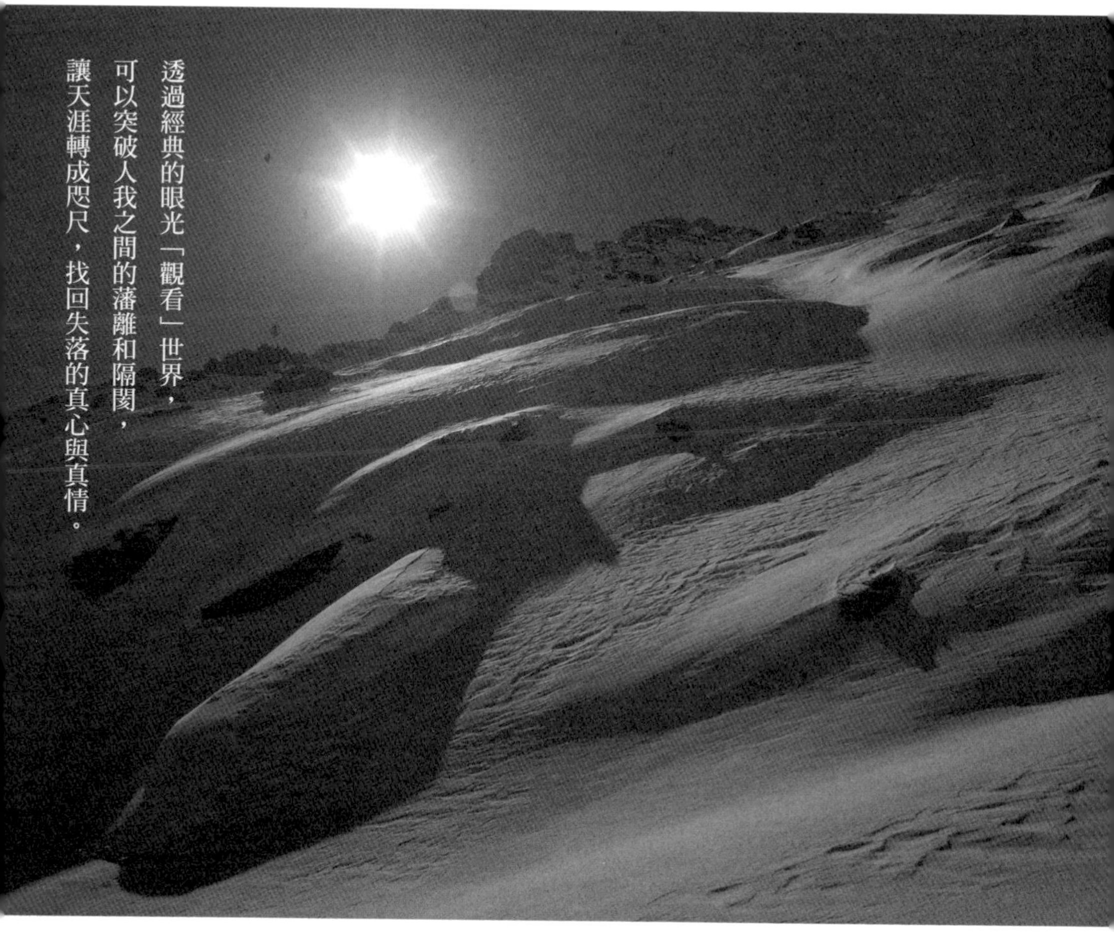

透過經典的眼光「觀看」世界，
可以突破人我之間的藩離和隔閡，
讓天涯轉成咫尺，找回失落的真心與真情。

在自在自得間「然」自己

我們人生在世間，都在尋找、活出屬於自我的「然」，「然」就是我的「對」、我的「好」、我的「是」，我們的「然」，必得先「行之有成」，才會在人家的「謂之」中得然。

物在道中，行之得然

所謂「道」，包括孔子的道、基督的道、佛陀的道、老子的道，還有真主阿拉的道，所謂「人間五大教」，透過他們的道眼，開闊我們的心胸，活出人生的美好。而人生的路千百條，你要走哪一條？當然是合理的路，這就是長久以來我們所謂的「道理」，這條道路要讓每個人的一生都過得合理，也就是公平地對每一個人，我們又稱之為「道義」。

包括我們對人家的愛，也要公平，必須要得到對方的認同，若沒有得到對方的認同，那這樣的愛是不成立的。換句話說，我們的愛在人間跟他人相遇，得到了雙方的認同和接受，這樣的愛才真正成立。因為愛不能專制獨斷，就像台灣從威權統治走過來，走到了今天重視人權的民主社會，所有重大的決策由朝野共同決定。以我們對待原住民為例，雖然他們是社會的少數，同時也相對弱勢，我們仍然全力地支持他們，這才是民主社會的人權自主與和諧美好，台灣社會最大的成就就是我們的民主、人權趕上了西方的水準，那個就是合理，就是「道」。

我現在引用《莊子》一句話來說：「道行之而成；物謂之而然。」我們可以花幾十年讓自己成為各行各業的專家，甚至是被稱為玩家也無妨，重要的是你有沒有花幾十年的時間讓自己沉浸在其中，強化自己的功力，如研究孔孟、老莊的學者可以稱為專家，那麼為什麼還要引經據典呢？因為這些經典是幾千年的文化心靈，個人的理論觀點只是自家受用，不足為外人道，而經典則是值得每一個思想家用心去研讀、思考，穿越時空並與之對話的，所以我所引的這句話，不管是台灣還是對岸的朋友，人人都可以引用研讀，並相互交流會通。

年輕人要把自己的理想性與生命力展現出來，所以說要先「行之」，這樣大家看到了才會「謂之」，正是因為你「行之」有成，才會在人家的「謂之」中得然。

人是萬物之一，又是萬物之靈

從前我們看布袋戲《雲州大儒俠》，常有一個橋段是主角史豔文出場時，對方問說：「來者可是大名鼎鼎的史豔文？」史豔文總是回答：「然也。」這個「然」，就是怪老子老掛在口頭上「大家都這樣講」的「然」。

我們人生在世間，都在尋找、活出屬於自我的「然」，「然」就是我的「對」、我的「好」、我的「是」，當某個得意的時刻來臨，我們可以坦然的說：「就是我。」我們希望獲得父母師長對我們的肯定、同儕對我們的認同，這就是「然」，但我們的「然」，必得先「行之有成」，人家才會「謂之」而得「然」。

我們是萬物之一，同時也是萬物之靈，這個「靈」就是心靈，這個「靈」就是讓我們心中有一個道，生命永恆嚮往的「道」。

萬物之「靈」在體現天道中替天行道

既然人類身為萬物之靈，這個「靈」就是讓我們成為地球的主人，今時不同舊日，我們當地球的主人不是要去狩獵，把世界萬物都視為我們的獵物，而是要保護地球的生態環境、保護地球上的稀有動物，我們的「靈」等同上帝，我們的「靈」等同佛陀，我們的「靈」就是天道、就是天理，我們以我們的「靈」體現天道、天理，體現基督的愛、佛陀的慈悲來保護地球，而且讓萬物不會在地球上消失。

如今這個世界不該再是西方主導東方、強國壓制弱國，因為地球只有一個，當全世界的人在讀《論語》、全世界的人在讀《老子》，經典的價值當該普世化，那它就可以為萬物的存在找到一條合理的路。目前西方世界跟阿拉伯集團之所以走在不同的路，那就是因為它們的價值沒有普世化。未來世界的紛擾爭端可能是宗教引發，基督與真主的愛不就是要愛護全球人類嗎？結果我們卻以上帝之名來發動戰爭。這個難題可能要我們儒家、道家加上佛教才能做為二者間的橋樑，從對話中化解。中國要能崛起，它的號召力在哪裡？就在於我們有能力去化解國際間可能的紛擾，甚至是毀滅性的戰爭。

「道」給萬物一個家

閱讀經典不僅是為了自家生命的安頓，是要為全人類的未來、為萬物的存在找到一條路，使大家可以和諧共處。我們常說：「天靈靈、地靈靈」，事實上天的「靈」跟大地的「靈」是靠人類的覺醒才會顯發天地的「靈」光，沒有人類這個媒介，就只能叫天不應叫地不靈了。俗話說：「天公地道。」公理和正義也是要靠人類的擔當才能顯發出來。所以我們說人類這個萬物之靈要為萬物的存在找到一條合理的路，那就是「道」，萬物都要活在這個「道」裡面。孔子給我們一個「道」就在《論語》這部經典，我們好好地讀《論語》、《孟子》，就會有一個世界觀和人生觀，我們用儒家的道理來活出美好的人生，用心中的愛來仁民愛物，來愛這個世界，這個「道」就是合理地解釋萬物的存在，就是給天地萬物一個家，讓天地萬物都有家可歸。

無家可歸是人間最悲哀的事，所以我們要行的「道」，就是讓每一個人都找到一個家，讓他有家可以歸去，甚至是已經過世的人，我們的人道關懷也要給過世的人一個家、一個世界，所以我喜歡台灣禮俗中的說法：「過世的親人會到另一個世界去。」我們因而得以承受年邁的父母親因衰老而離開我們，因為他們只是到了另一個世界，他日我們也會去那兒跟他們重聚。所謂的「陽世與陰間」，這樣的說法充滿人情的美好，不會讓一個即將離開人世的人內心惶惶不安，不知道此去落腳何處？因為「黃泉無客店，今夜宿誰家」？漫漫長夜、茫茫天涯路，你讓他一縷孤魂上路，要寄身何方？縱然說人世生死兩茫茫，陰陽永隔不復見，但他終究是我們最愛的親人，所以「道」就是為每一個人都找到一個家，不要讓任何人無家可歸，包括已經過世的人，這就是所謂的「道」。

「道」行之而有成，「物」謂之而得然

而「物」要在「道」裡面，若「物」不在「道」裡面，那它就什麼都不是，任何一個人來到世間都有活下去的權利，這是基本人權，中國要崛起就要靠「道」，經濟競爭力和軍備戰力都還在其次，要靠文化傳統的經典，彰顯台灣的尊嚴與榮耀，建立新中原意義在此。要能夠立足台灣、放眼世界，才能照現人間美好。你先「行之」，人家就會「謂之」，「行之」就是實踐，「謂之」就是他人對你的評價，歷史自有定論，社會自有公斷，只要你是對的一方，或許一時無法被他人理解，真相終有大白之日，你這個人「行之」而有「成」，就會在人家的「謂之」而得「然」，所謂的尊嚴與榮耀由此而顯現。

人生的第一件大事是「在」，人要存在於人間。我們來到這個世

界上是父母生的，也是在父母的愛、兄弟姐妹的愛中受到保護而走向成長，當我們因天上的驚雷而不安時，爸爸媽媽撫慰我們不要驚惶，這個安全感讓我們得以存活長成。第二件大事是「得」，「得」是得到或值得。也就是人生的成就感。

我們的「在」是在家庭中的愛，奠定了我們的安全感，而「得」是從學校教導我們追尋價值的成就感，這兩者加起來就是「然」，「在」加上「得」等於「然」，所以從這邊我們可以看出人生要有尊嚴，活著要有榮耀，尊嚴跟榮耀是最重要的，台灣人的尊嚴要台灣人站起來，台灣人的榮耀要台灣人走出去，但台灣人的好，台灣人自己知道嗎？事實上台灣這個小島奮鬥了幾十年就足以傲視全球，在這景氣如此低迷的時刻，我們更應該認同自己，也肯定自己。

從家庭來到學校，從「在」到「得」，以這兩者為根基走出社會，在社會中工作、付出，這就是我們的「然」。人生要的就是這個「然」，你要有成，必須透過實踐，實踐「道」，就要合理、要人道關懷、為萬物找到一個家，我們在社會中當義工、當志工，就是一種人道救援，就是要讓萬物不會無家可歸。那麼我們加入這個行列去實踐，就會得到應有的肯定，這個評價就是「謂之」。

道法自然，然從自己來

《莊子・齊物論》有云：「道行之而成；物謂之而然。」我用這兩句話來解釋人生。我們讀經典不是只要把經典中的內容背下來就可以了，要能通透、活用，在人生的重要關頭，用這樣兩句話去合理解釋、或傳達出一種普世化的價值理念。這兩句話很簡單，由行之的「道」而最後歸結「物」的「然」，人生的價值意義就在這裡，為你所愛的人，為你所在意的事去付出，而當該如是，這就是我一生的「然」。而道家最重要的智慧就在請問這個「然」，要從何處來？老子說：「道法自然。」這個「自然」不是研究自然現象的自然科學，自然科學的「理」是物理化學的理、天文地質的理，老子講的「道法自然」意思是道的本身就是「自然」，什麼是「自然」？字面上講是自己如此，哲理解釋是「然」從「自身」來。

我們一生活出的美好，都是源於自己的成長，自己的用心與自己的投入和付出，所有的美好都是一分耕耘一分收穫，所有的福報都是從自己的德行而來，這才是自家真正的亮麗跟光采。

超離自困自苦的有待，走向自在自得的無待

相對於「自然」，我們稱之為「他然」，意謂「然」從外在來。人生在世不能投靠攀緣，包括婚姻和情愛，每個人都是一個獨立的個體，都有獨當一面的人格，就因為我們的人格充滿自信，才能坦然接受他人的愛。事實上接受他人的好意，也是一種有待考驗的能力，少了自信，生命就會成為他然，而落在自困自苦中。「自然」是心的自

我期許，我們心中有道就是自然，秉持著「然從自己來」的人，我們可以跟人家有情愛婚姻、有友誼道義，也不會動搖自己的人格而成為他然。一個有獨立人格的人，「然」從自己來，與他人交往可以放鬆自在，可以讓一生有開闊的天空。

在道家思考中，「自在」、「自得」等於自然，我的「在」是我自己「在」，我的「得」是我自己「得」，我的「然」從自身來，此一心靈的成長，使得我們有獨立的人格，可以給彼此一個開闊的空間；相對於「自在」，我們稱之為「他在」，這是一種自困；相對於「自得」，我們稱之為「他得」，也就是一種自苦。當你的「在」是別人讓你「在」，你的「得」是別人給你「得」，你的「然」也是別人賦予的「然」，也就是一種由「他在」加上「他得」而有的「他然」，這種情形就是一種失去自主的自困和自苦，一生會無所適從而沒有保障，任何的意外和偶然都會造成一種衝擊而讓自己無力回應，所以要找到自在、自得的心，就是道家「道法自然」的生成原理。

人生的道路在哪裡？人生的道路就在我們的「然」，要從自身來。父母帶兒女，就是期望有一天父母不在時他們可以自己照顧自己；師長教導學生，就是希望當學生離開了校園，沒有老師在身邊時他們可以自我成長，走出自己的路。

所有的美好，
都是源於自己的用心、投入與付出，
福報從自己的德行而來，
這才是自家真正的亮麗和光采。

用自家的「真」活出一生的美好

道家給出的人生智慧，就在告訴自己「我可以不要」，當你可以不要時，就可以海闊天空，就可以自在自得，走出一條「然」從自己來的路。

認命運命做自己

《莊子・養生主》說：「吾生也有涯，而知也無涯。」這是人的存在處境，即此生有限；而百年大限，這就是命。

兩個人原本是萍水相逢，如何當一對百年夫妻，維繫夫妻之緣就是靠對兒女的疼愛，兒女就是父母的命運共同體，為疼愛兒女而盡心維繫夫妻的情感，對我來說叫做「不看僧面看佛面」，幾十年的夫妻朝夕相對難免相看兩厭，生活本身就在家居日常，家居日常分分秒秒都是考驗，家事做不完，兒女常繞身邊，堪稱沒完沒了。從人物來看，我只是我，不可能做成別人，你可以讀偉人傳記，但你仍然要做你自己。人生的路只有一條，就是「做我自己」。要「做我自己」就是要認長相是命，才氣也是命，認命是認人物的特殊性，而兒女卻可以代表我們再活一生，這是「命」的延續與突破。所以不要老看夫妻的僧面，要多看兒女的佛面。

「認」命，首在認身高體重跟長相，對我來說最敏感的事就是我的身高，認命之後再「運命」。我在南師的時候是桌球和網球的校隊，最適合我的運動就是兩個人分兩邊的競技，因為身高受限，自我評估最宜於展開身手的就是桌球場和網球場，我人生重大的突破就在我也可以當運動健將。從才氣來說，高中時因為我喜歡文學和思考，所以大學就讀了國文系，研究所唸了哲學所，儘管當時很冷門，但三十年風水輪流轉，冷門變成了熱門，當年沒什麼人要讀國文系，到了今天讀國文系的人就成了稀有動物而受到保護，所以說天生命定，而命卻可隨運而轉。

他在他得的困局

「吾生也有涯」，「有涯」即是「命」；「而知也無涯」的「知」是「心知」，老莊的「知」不要用現代的認知去理解，它不是我們讀書的知識，「知也無涯」是說心中的執著太多，且一直在變化與成長中，最世俗的說法就是「你想要的太多」。此生有限，我只是我，所以我們被迫走上人間街頭去結交朋友，結交朋友原本是為了分享美好，透過交朋友來增長自己、豐富自己、提升自己，讓友朋的美好都變成我的美好，就可以活出幸福的人生。

人間街頭什麼都有，我們就什麼都想要，而天下人也一樣想要，朋友之間很可能就是競爭的對手，人我之間可能過度競爭，而壓力太大，所以「知也無涯」，人物走在人間的人生路，就此落在「他在」、「他得」的困局中，也注定了「他然」的命運，為了追求天下的名利權勢而失落自我，甚至流落天涯。

從他然回歸自然

從生命自身來說，就是自困、自苦，我要名、要利、要權勢，而這個執著就會形成一生最大的困苦。舉例來說，我們從小就被要求要考第一名，這個「考第一名」就變成我們一生最大的符咒而解脫不了，若是我們早一點讀老莊，就可以從「自困自苦」走向「自在自得」，找回自我，從「他然」走回「自然」，你的世界將因此而完全翻轉，你的人生也將從此完全改觀，你可以把你所失落的自我呼喚回來，重新找回屬於自己的人生美好。

「此生有涯」，而你心中的想望卻是無窮無盡，而人生就是「以有涯隨無涯」的一段行程，在短短幾十年間去追求心中不斷增長的想望，莊子給出「殆已」的結局論定！「殆」是毀壞的意思，這是「存在的困局」。存在的處境是此生人物有限與人間複雜，我們唯有通過處境去找出路，而「以有涯隨無涯」，難逃「殆已」的終局！因為我們心中想要的太多了。此生有限，一天當兩天用，一個人當兩個人用，自己受不了，當然難以長久，所以「殆已」的第一個意思是「不可能的任務」。

一個放下的人，更能成全自己

我們應該要學習告訴自己「我可以不要」，我可以不要名也不要利，我不要我兒女為了我去考第一名，我給孩子空間，不要靠他們考第一名來榮耀我，他只要做自己就好了，只要好好地讀書、好好地成長就夠了！不然孩子的一生都會被第一名困住而受苦，當你放下「考第一名」的執著時，他反而自在自得地考了第一名，一個放下的人，更能成全自己。所以「殆已」在「不可能的任務」之外；第二個更深層意思是「不值得的追逐」。人生儘管有百年大限，但在百年中的每一分每一秒，對我這個人的生命本身來說，它都是真實的。

看見人間街頭什麼都有，會激起什麼都想要的痴迷熱狂，問題在它是假的，如幻如化，三兩年也就被人忘卻。我認命地做我自己，我自在也自得，我才有空間閒情跟我的親人、朋友、鄉里相處，展現互發的光亮，我的自在跟他人的自在在人間碰面，我的自得跟他人的自得在人間遇合，我的自然跟他人的自然在人間交會，這才會有美好的情愛婚姻、美好的友誼道義。倘若困在「他然」中，人與人的關係就會變成過度的緊張複雜，由猜疑而走向對抗，且只問目的，而不擇手段，人人由此而墮落沉淪。我因為自在、自得、自然，跟人間社會、跟家人朋友因而擁有了更開闊的空間，讓我的「真」跟他人的「真」照面，而非大家假借人間社會中名利、權勢的「假」相互利用，出賣家人，也傷害朋友，因為人間的排名都是假的，人世間最大的悲劇就是以真換假，再以假亂真，到了最後，人物扭曲，萬物變形，連當下現前的生命真實，人家也不相信，堪稱人間價值的全面崩解。

走出自己的人生道路，活出自己的生命內涵

「以有涯隨無涯，殆已！」這個「殆」就是壞掉了，「真」沉墮而為「假」，人生苦短，怎麼可以讓真的變成假的？所以我們要捍衛自己的真，不讓它成為假的。從老子的話來說，就是「人人走出自己想走的道路，人人活出自己想要的內涵」。這就是老子開宗明義所標舉的「常道常名」，而非人間街頭的「可道可名」，那是「別人要你走的路、別人要你活的內涵」，這個「可道可名」就是他在、他得與他然，而老子對顯而出的「常道常名」，就是自在自得與自然。

一個理想的社會，老子做這樣的描述：「百姓皆謂我自然。」台灣這個民主社會有兩千三百萬人，而這兩千三百萬人都走出他們自己想走的路，活出他們自己想要的內涵，這才是真正的民主、真正的人權、真正的法治所保障的人生美好，不是政府好，是人民好，政治的重心不在於政治領導人，而在於廣大的人民，就像我們當老師最大的使命是陪著學生成長，一所大學中真正的主人是學生，不是教授，教授陪著學生走在大一到大四，從研一到研二，甚至博士班的成長路上，學生才是真正的主角。所以生命中的「然」是學生自己「然」出來，這才是好的大學校長、好的大學教授。如何讓民間的好出得來，才是政府的首要思考；而我們的家庭也是一樣，父母親要讓兒女活出自己的「然」，不要只看他們是否有一張亮麗的成績單。

跟大家分享一句話，道家給出的人生智慧，就在告訴自己「我可以不要」，當你可以不要時，就可以海闊天空，就可以自在自得，走出一條然從自己來的路。在「百姓皆謂我自然」（《老子・十七章》）的政治智慧之外，生態環保講「輔萬物之自然而不敢為」（《老子・六十四章》），就是要讓萬物回歸自己，而非用人為來干擾破壞自然生態，迫使萬物無家可歸。人應該以萬物之靈的身分去輔助、陪伴萬物，保有它們的自然和美好。這樣的話，不只是萬物有家可歸，人也可以活出他自己的價值，這正是以道家的智慧，來實現儒家「親親」、「仁民」、「愛物」的理想，這才是人生應該走的道路！

從「自困自苦」走向「自在自得」，
從「他然」走回「自然」，
你的世界將因此而翻轉，
你的人生也將從此完全改觀。

「有」「無」的生命智慧

儒家仁義道德的「有」，
一定要有道家「無」的智慧，
在放下中成全，你的「有」才可能「有」出來，
你的正面才不會帶出自己的反面。

絕棄的智慧，在放下中成全

獨尊儒術是漢武帝開端，漢武帝之前有文景之治，文景之治是黃老治術，黃老治術就是通過道家來治理天下，是無為而治。因為經過春秋戰國的長期戰亂，天下百姓亟需休養生息，所以通過老莊，人無為而自然無不為的無為而治，來厚植國力。到了漢武帝，在長期的休養生息中，天下百姓活回來了，面對匈奴的威脅，他開塞出擊，絕漠遠征，才有大漢王朝的歷史榮光，與開疆拓土的功業。若僅是老莊的無為，不太可能開拓出大漢盛世，因為儒家講聖智仁義，老子講絕聖棄智與絕仁棄義，不是要反對聖智仁義，老莊提醒儒家，你的仁義禮智要有我老莊絕棄的智慧，在放下中成全，才可能以正面的姿態出現，才不會給天下人太多的壓力，自己也不會承受那麼重的負累。

因此，通過老莊，儒家才可能保住你原來的理想，王弼《老子微旨例略》說得好，「絕聖而後聖功全」，絕聖你反而可以保住你的聖功，「棄仁而後仁德厚」，棄仁反而可以讓你的仁德更深厚。所以「絕棄」就是「化解」的意思，不要執著你是聖人智者，不要執著你是仁義的化身，意思就是說，不要老覺得你自己是對的，不管我們多對，你一定要放下你的對，人家才願意接受，才願意承認，你老認為只有我對，人家衝著你這個姿態，他會反你的對。

所有正面的存在會帶出它自己的反面

所以，在我的理解，儒家的背後一定要有道家，道家的前頭一定會有儒家，儒家比較陽剛，它講愛，講天理良心，講理想，講情義，它有開創性。但所有正面的存在會帶出它自己的反面。你給自己太大的負累，給朋友太大的壓力，會帶出反感與抗拒。你要有道家的智慧來化解陽光拖帶出來的陰影，化解陰影，陽光才會透顯光明與溫暖，不然陽光會被陰影遮住。人間價值二分，正面跟反面之間會相互抵消彼此抹殺，台灣的朝野就是這樣，所以台灣看起來都欠缺正面的陽光，因為都被自己負面的陰影所遮蔽，除非雙方的正面都出得來，雙方的正面沒有引發反面，台灣朝野的好可以加在一起。歷史不可能重來，很難想像假定沒有獨尊儒術，而由道家一路引領過來，歷朝各代會不會更好？不過我還是認為，我講的老莊的每一句話前頭都有孔孟，就像老子講的「道」體同時是「無」，同時是「有」，才叫「玄」嘛，那麼老子專講那個「無」，「有」的分位讓給儒家去說，儒家你仁義道德的「有」，一定要有我道家「無」的智慧，你的「有」才可能「有」出來，你的正面才不會帶出自己的反面，在自我異化中自我否定。通過道家的智慧，你人生的美好才可能長久。

孔孟之正面理想的開拓，背後都有老莊智慧的支持

《老子》第三十八章有一句很關鍵性的話：「上德不德，是以有

德。」不以德為德的人，反而有德，放下自己的德，解消自己的德，忘記自己的好，放下自己的好，你的德才是真正的德，你的好才是真正的好。你沒有放下、沒有解消，你的德、你的好，終究成為家人跟朋友的壓力，他受不了你，就是你太好了。或許很多人都會說，競爭不公平，好心沒有好報，我明明成績比較好，明明我比較有成就，為什麼人家用另外一個人而不用我？那很可能就是你少了老莊的智慧。

我不是為人間不公不義找合理化的解釋，我只是說要有自我的反省，人間是有很多的不公平，但是我們要做的就是希望所有孔孟的正面的開拓，背後都有老莊的智慧。我考第一名，但是我要放下我的第一名，你才是真正的第一名。假定說我一定要第一名，且是永遠的第一名，那你落在「下德不失德，是以無德」的反作用中，你執著德，唯恐失去，每天擔心受怕，反而失落你本來的德。道家並不反對我們得第一名，而是你要無心自然的得，第一名才不會成為自己的負累，且不會成為別人的壓力，不要讓自己受不了，也不要讓別人反感，讓人家可以正面的肯定你得第一名是理所當然的事情，這叫贏得尊敬。你打敗別人比較容易，贏得對方的尊敬比較難，而這個智慧就在放下中成全，不僅保有德，還更上層樓，是讓別人尊敬的「上德」。

這兩年來，我忙著寫我的老莊，都沒有去開高中中國文化基本教材課程綱要的討論會，所以沒有機會表達我的觀點。孔孟比較貼近人生，但我認為不能夠只講孔孟，而不講老莊，不過可以不讀學庸，因為學庸太理論性，太深奧隱微了。讓孔孟與老莊並行於當代，因為我們幾千年的文化傳統，既有正面開拓的儒家，又有真切反思的道家，太上老君跟至聖先師，千古同步，我認為這是我們的殊勝。

儒道並行，天下人民一起得救

儒家跟基督教和回教精神相近，我們的道家跟佛教精神相近，他們只有一面，我們卻兩面兼而有之，何況我們又把佛教汲納進來，變成儒道佛三大教，明代已走向三教合一。今天一貫道的朋友講五教合一，正是「吾道一以貫之」，不過人家基督教、回教都沒有同意。我們不必講五教一貫，我們儒家跟道家並行就好，我現在不只講孔孟老莊，我還講荀韓，所有的智慧，所有的理想，要通過客觀化來保證、來實踐，不要考驗每一個人的道德修養與生命高度，我們要有一套制度來讓每一個人物好好的走入人間群體，在結構中運作，在價值規範中發揮才學。通過政治體制，讓天下人民一起得救。

因為人生的存在處境，成長路上倍感艱辛，覺得既苦又累，也不一定是我自己的苦，看看父母的苦、太太的苦或兒女的苦、友朋學生的苦，這些都會讓我們逐步的由體驗而走向體悟。我的博士論文寫的是韓非，跟幾位好友創刊《鵝湖》是講儒家，這幾十年在大學與民間大多講老莊，一方面儒學傳統的價值觀之下，人生太苦了，可由老莊的智慧來化解，就算我們有正面的志業開創，也需要道家的虛靜智慧來支持，因為能夠化解，且可以放下，才能長久；很悲壯、很委屈的人不可能長久。所以一定要避開委屈感與悲壯感，不要先生悲壯、太太委屈，父母悲壯、兒女委屈，大陸悲壯、台灣委屈，那就很難和解。所以道家的智慧就讓我們不會逼向委屈跟悲壯的困局，因為委屈、悲壯的下一步是決絕，所以我說兩岸可能對決，因為一個委屈一個悲壯，會走向決絕的路。

彼此放下，互相給出空間

所以大家放下就給自己空間，給我們的親人空間，我真切的感受到現代人生的困苦，在深切的體驗之外，還有觀察周遭人群的苦悶，我感同身受，因為身為學者講經典，一定要面對現代，還有面對生活，讓我自己對經典的現代解讀比較真切深刻，不然的話，都只在字面上求解，講得通就好，實則「道」是生成原理，要解消人物的有限，與人間的複雜，才能生成自己的一生。

今天我們解讀莊子，是很可能越過莊子自己，因為我們經歷了莊子所不知的朝代更迭與現代變局，而這是在莊子的生命之外。莊子經典跨越千古到了今天，每一個世代都能夠給出合理而貼切的解釋。剛讀莊子，文字理解成了最大的難題，熟讀精讀之後，總有那麼一天，你會讀懂它的理路架構，突然間豁然開朗，不再盲昧了，天光下落，天的光下落在我們的性命裡面，就像孔子說的「樂以忘憂」，不是「樂趣」，而是成就感的生命美好。那樣的成就感、那樣的美好，就讓我們放下人生路上所有人物有限性跟人間複雜性的失落感與挫折感。

通過經典進行生命對話

歸結一句話，讀經典是值得的，人人身上一部經典，帶給我們世界觀、人生觀，你一定要看到世界、看到人生，不然的話，你就在這個世界過你的人生，既沒有看到世界，又沒有看到人生，那人生路怎麼走？

而人物走在人間，人物的問題在哪裡？人間的問題在哪裡？解決的關鍵在哪裡？就在最高層次的人文心靈。所以大學裡面的人文學門很重要，儘管它不是熱門，哲學系、中文系、歷史系、藝術系、音樂系，這些人文學門看起來好像跟實用距離很遠，但是，人生的好不好，由它決定，人生活得好不好不是自然科學決定，不是社會科學決定，是主導人生走向，開發生命動力，感受一生美好的人文心靈。經典穿越千古，每一世代的人都讀，成為文化傳統中的價值依據與行為模式。通過經典可以進行生命的對話，在相知相惜中，而有互發的光亮。

附錄 寓言原典

材與不材

莊子行於山中，見大木，枝葉盛茂。伐木者止其旁而不取也。問其故，曰：「無所可用。」莊子曰：「此木以不材得終其天年。」

夫子出於山，舍於故人之家。故人喜，命豎子殺雁而烹之。豎子請曰：「其一能鳴，其一不能鳴，請奚殺？」主人曰：「殺不能鳴者。」

明日，弟子問於莊子曰：「昨日山中之木，以不材得終其天年；今主人之雁，以不材死。先生將何處？」

莊子笑曰：「周將處乎材與不材之間。材與不材之間，似之而非也，故未免乎累。若夫乘道德而浮遊則不然，無譽無訾，一龍一蛇，與時俱化，而無肯專為。一上一下，以和為量，浮遊乎萬物之祖。物物而不物於物，則胡可得而累邪！此神農、黃帝之法則也。若夫萬物之情，人倫之傳，則不然：合則離，成則毀，廉則挫，尊則議，有為則虧，賢則謀，不肖則欺。胡可得而必乎哉！悲夫，弟子志之，其唯道德之鄉乎！」

──《莊子‧外篇‧山木》

罔兩問景

罔兩問景曰：「曩子行，今子止；曩子坐，今子起；何其無特操與？」景曰：「吾有待而然者邪？吾所待又有待而然者邪？吾待蛇蚹蜩翼邪？惡識所以然！惡識所以不然！」

──《莊子‧內篇‧齊物論》

濠梁之辯

莊子與惠子遊於濠梁之上。莊子曰：「鯈魚出游從容，是魚樂也。」惠子曰：「子非魚，安知魚之樂？」莊子曰：「子非我，安知我不知魚之樂？」惠子曰：「我非子，固不知子矣；子固非魚也，子之不知魚之樂，全矣。」莊子曰：「請循其本。子曰『女安知魚樂』云者，既已知吾知之而問我，我知之濠上也。」

──《莊子‧外篇‧秋水》

庖丁解牛

庖丁為文惠君解牛，手之所觸，肩之所倚，足之所履，膝之所踦，砉然嚮然，奏刀騞然，莫不中音。合於桑林之舞，乃中經首之會。文惠君曰：「譆，善哉！技蓋至此乎？」庖丁釋刀對曰：「臣之所好者道也，進乎技矣。始臣之解牛之時，所見無非牛者；三年之後，未嘗見全牛也；方今之時，臣以神遇而不以目視，官知止而神欲行。依乎天理，批大郤，導大窾，因其固然。技經肯綮之未嘗，而況大軱乎！

良庖歲更刀，割也；族庖月更刀，折也。今臣之刀十九年矣，所解數千牛矣，而刀刃若新發於硎。彼節者有間，而刀刃者無厚；以無厚入有間，恢恢乎其於遊刃必有餘地矣，是以十九年而刀刃若新發於硎。雖然，每至於族，吾見其難為，怵然為戒，視為止，行為遲。動刀甚微，謋然已解，如土委地。提刀而立，為之四顧，為之躊躇滿志，善刀而藏之。」文惠君曰：「善哉！吾聞庖丁之言，得養生焉。」

──《莊子‧內篇‧養生主》

莊周夢蝶

昔者莊周夢為胡蝶，栩栩然胡蝶也，自喻適志與！不知周也。俄然覺，則蘧蘧然周也。不知周之夢為胡蝶與，胡蝶之夢為周與？周與胡蝶，則必有分矣。此之謂物化。

──《莊子‧內篇‧齊物論》

神巫季咸

鄭有神巫曰季咸，知人之死生存亡，禍福壽夭，期以歲月旬日，若神。鄭人見之，皆棄而走。列子見之而心醉，歸，以告壺子，曰：「始吾以夫子之道為至矣，則又有至焉者矣。」壺子曰：「吾與汝既其文，未既其實，而固得道與？眾雌而無雄，而又奚卵焉！而以道與世亢，必信，夫故使人得而相汝。嘗試與來，以予示之。」

明日，列子與之見壺子。出而謂列子曰：「嘻！子之先生死矣！弗活矣！不以旬數矣！吾見怪焉，見溼灰焉。」列子入，泣涕沾襟以告壺子。壺子曰：「鄉吾示之以地文，萌乎不震不正。是殆見吾杜德機也。嘗又與來。」

明日，又與之見壺子。出而謂列子曰：「幸矣！子之先生遇我也！有瘳矣，全然有生矣！吾見其杜權矣！」列子入，以告壺子。壺子曰：「鄉吾示之以天壤，名實不入，而機發於踵。是殆見吾善者機也。嘗又與來。」

明日，又與之見壺子。出而謂列子曰：「子之先生不齊，吾無得而相焉。試齊，且復相之。」列子入，以告壺子。壺子曰：「吾鄉示之以太沖莫勝。是殆見吾衡氣機也。鯢桓之審為淵，止水之審為淵，流水之審為淵。淵有九名，此處三焉。嘗又與來。」

明日，又與之見壺子。立未定，自失而走。壺子曰：「追之！」列子追之不及。反，以報壺子曰：「已滅矣，已失矣，吾弗及已。」壺子曰：「鄉吾示之以未始出吾宗。吾與之虛而委蛇，不知其誰何，因以為弟靡，因以為波隨，故逃也。」然後列子自以為未始學而歸，三年不出。為其妻爨，食豕如食人。於事無與親，雕琢復朴，塊然獨以其形立。紛而封戎，一以是終。

——《莊子・內篇・應帝王》

渾沌之死

南海之帝為儵，北海之帝為忽，中央之帝為渾沌。儵與忽時相與遇於渾沌之地，渾沌待之甚善。儵與忽謀報渾沌之德，曰：「人皆有七竅以視聽食息，此獨無有，嘗試鑿之。」日鑿一竅，七日而渾沌死。

——《莊子・內篇・應帝王》

踵見仲尼

魯有兀者叔山無趾，踵見仲尼。仲尼曰：「子不謹，前既犯患若是矣。雖今來，何及矣！」無趾曰：「吾唯不知務而輕用吾身，吾是以亡足。今吾來也，猶有尊足者存，吾是以務全之也。夫天無不覆，地無不載，吾以夫子為天地，安知夫子之猶若是也！」孔子曰：「丘則陋矣。夫子胡不入乎，請講以所聞！」無趾出。孔子曰：「弟子勉之！夫無趾，兀者也，猶務學以復補前行之惡，而況全德之人乎！」

無趾語老聃曰：「孔丘之於至人，其未邪？彼何賓賓以學子為？彼且蘄以諔詭幻怪之名聞，不知至人之以是為己桎梏邪？」老聃曰：「胡不直使彼以死生為一條，以可不可為一貫者，解其桎梏，其可乎？」無趾曰：「天刑之，安可解！」

——《莊子・內篇・德充符》

道術相忘

子桑戶、孟子反、子琴張三人相與友，曰：「孰能相與於無相與，相為於無相為？孰能登天遊霧，撓挑無極；相忘以生，無所終窮？」三人相視而笑，莫逆於心，遂相與為友。莫然有閒而子桑戶死，未葬。孔子聞之，使子貢往待事焉。或編曲，或鼓琴，相和而歌曰：「嗟來桑戶乎！嗟來桑戶乎！而已反其真，而我猶為人猗！」子貢趨而進曰：「敢問臨尸而歌，禮乎？」二人相視而笑曰：「是惡知禮意！」子貢反，以告孔子，曰：「彼何人者邪？修行無有，而外其形骸，臨尸而歌，顏色不變，無以命之。彼何人者邪？」

孔子曰：「彼，遊方之外者也；而丘，遊方之內者也。外內不相及，而丘使女往弔之，丘則陋矣。彼方且與造物者為人，而遊乎天地之一氣。彼以生為附贅縣疣，以死為決疣潰癰，夫若然者，又惡知死生先後之所在！假於異物，託於同體；忘其肝膽，遺其耳目；反復終始，不知端倪；芒然彷徨乎塵垢之外，逍遙乎無為之業。彼又惡能憒憒然為世俗之禮，以觀眾人之耳目哉！」

子貢曰：「然則夫子何方之依？」孔子曰：「丘，天之戮民也。雖然，吾與汝共之。」子貢曰：「敢問其方。」孔子曰：「魚相造乎水，人相造乎道。相造乎水者，穿池而養給；相造乎道者，無事而生定。故曰，魚相忘乎江湖，人相忘乎道術。」子貢曰：「敢問畸人。」曰：「畸人者，畸於人而侔於天。故曰，天之小人，人之君子；人之君子，天之小人也。」

——《莊子・內篇・大宗師》

莊子寓言說解

學會放下，活出自在與美好

作者：王邦雄
主編：曾淑正
美術設計：Zero
企劃：叢昌瑜

發行人：王榮文
出版發行：遠流出版事業股份有限公司
地址：台北市中山北路一段十一號十三樓
郵撥：0189456-1
電話：（02）25710297
傳真：（02）25710197

著作權顧問：蕭雄淋律師
二〇一五年十一月一日　初版一刷
二〇二四年一月一日　初版五刷
售價：新台幣三〇〇元

ISBN 978-957-32-7730-9（平裝）

遠流博識網 http://www.ylib.com
E-mail: ylib@ylib.com

國家圖書館出版品預行編目（CIP）資料

莊子寓言說解：學會放下，活出自在與美好／王邦雄著. -- 初版. -- 臺北市：遠流, 2015.11
面； 公分
ISBN 978-957-32-7730-9（平裝）

1.(周)莊周 2.學術思想 3.人生哲學

121.33　　104020272